algar

ALGAR JOVEN
ÚLTIMOS TÍTULOS PUBLICADOS

100. *Esquinas del tiempo.* Paloma Muiña
101. *Adiós, noviembre.* Beatriz Berrocal
102. *El Rincón de Penélope.* Pasqual Alapont
103. *La Tribuna.* Emilia Pardo Bazán
104. *La danza de los estorninos.* Beatriz Berrocal
105. *Cómplices.* Daniel Hernández Chambers
106. *El triángulo rosa.* Silvestre Vilaplana
107. *La pregunta.* Arturo Padilla
108. *El desorden de tu voz.* María Menéndez-Ponte
109. *San Manuel Bueno, mártir.* Miguel de Unamuno
110. *La voz de plata.* Alba Quintas Garciandia
111. *Miguel y el caballero de las estrellas.* Ignasi García
112. *La Celestina.* Fernando de Rojas. Adaptación de Juan Pablo Heras
113. *El libro del tesoro.* Andreu Martín
114. *La conjura del plomo.* África Vázquez
115. *Cristales de plata.* Antonio J. Ruiz Munuera
116. *Lazarillo de Tormes.* Anónimo. Adaptación de Leticia Oyola
117. *Relatos de terror.* Edgar Allan Poe
118. *Aunque Miguel me llame.* Miguel Hernández
119. *Barça ou barzakh!* Gemma Pasqual i Escrivà
120. *El club de los miércoles.* África Vázquez

Apartado de correos 225 - 46600 Alzira
www.algareditorial.com
Diseño de la colección: Enric Solbes
Cubierta: Jorge Collado Perea
Impresión: Romanyà Valls

1.ª edición: abril, 2026
ISBN: 978-84-9142-890-9
DL: V-511-2026

Aunque Miguel me llame

Una antología de Miguel Hernández

Introducción y selección de
Pau Sanchis Ferrer

A mis hijos, Joan y Miquel, que algún día encontrarán a Miguel en sus lecturas

INTRODUCCIÓN

Una antología es siempre una operación delicada. ¿Escogemos los mejores poemas o los más representativos? No es exactamente lo mismo. ¿Pretendemos dar una visión completa del autor o solo destacar los puntos álgidos de su creación? Los resultados serían harto diferentes. Una antología también es una invitación a la lectura, una puerta que se abre. Esta, por ejemplo, persigue precisamente dicho objetivo: presentar a los lectores jóvenes una selección de poemas y textos en prosa de Miguel Hernández que ofrezca un panorama bastante completo de su obra, es decir, desde sus primeros versos hasta los últimos, y que incluya, a su vez, los poemas más destacados del autor. Esto entraña no pocas dificultades, puesto que, aunque Miguel Hernández publicó en vida solo tres libros, su corpus poético no es reducido. Además, su trayectoria ética y estética –desde las primeras tentativas juveniles en las majadas de su Orihuela natal hasta los postreros versos garabateados en una prisión franquista– es el resultado de una evolución humana y literaria que es importante entender en su conjunto.

En esta antología encontraréis, por lo tanto, poemas de todas las etapas creativas de Miguel Hernández. Asimismo, se han seleccionado algunas prosas publicadas tanto antes como durante la guerra. Finalmente, se han escogido algunas cartas de su extensa correspondencia destinadas a otros poetas y amigos (Juan Ramón Jiménez, Pablo Neruda, Federico García Lorca, por ejemplo) y, sobre todo, a su mujer, Josefina Manresa. Todos los textos se han transcrito siguiendo la edición crítica de la *Obra completa*, de Agustín Sánchez Vidal, José Carlos Rovira y Carmen Alemany, publicada por Espasa-Calpe.

VIDA

Miguel Hernández Gilabert nació en Orihuela el 30 de octubre de 1910. Hijo de una familia humilde que se dedicaba a la compraventa de ganado, creció ocupado en el pastoreo de un rebaño de cabras. Sin embargo, entre los cinco y los trece años estuvo escolarizado y llegó a estudiar dos años de bachillerato en el Colegio de Santo Domingo. Los jesuitas, viendo que mostraba aptitudes para el estudio, propusieron a su padre que siguiera la carrera eclesiástica. Pero este quería que trabajara y no le permitió seguir con su formación. Así, a los trece años, Miguel entró como aprendiz en un comercio y, al poco tiempo, el futuro poeta volvió a pastorear cabras y repartir leche. No obstante, los años de escolarización –que no eran tan pocos para los estándares de la época– habían sido suficientes para despertar en el joven el interés por las letras.

Según José Luis Ferris, biógrafo de Miguel Hernández, en la primera infancia, cuando su familia se traslada a la calle de Arriba de Orihuela:

> El mundo de Miguel Hernández se puebla de una iconografía vital e inconfundible. Su contacto íntimo con la naturaleza le proporciona un conocimiento profundo de la vida elemental que, unido a su inteligencia y su espíritu despierto e intuitivo, dejará en él un sustrato de tal calado que resulta imposible entender su obra sin prestar cuidado a esta primitiva enseñanza.

Por otra parte, la asistencia a Santo Domingo «había sembrado en él el amor a los libros y un enorme deseo de aprender».

En Orihuela, Miguel conoce a algunas personas que serán fundamentales para su formación literaria, como el padre Luis Almarcha, canónigo orcelitano que llegaría a ser obispo y que tendría un papel funesto al final de la vida del poeta. En este momento, sin embargo, Almarcha ejerce de mentor: le da acceso a su biblioteca personal y se encarga de que publique sus primeros versos en un periódico local en octubre de 1930. Otro personaje importantísimo es Ramón Sijé, cuyo nombre real era José Marín. Ramón Sijé, tres años más joven que Miguel, de clase acomodada y de ideas neocatólicas y conservadoras, se convertirá en su guía literario –o por lo menos lo intentará–, hasta que diferencias ideológicas y estéticas los alejen. También cabe mencionar al panadero Carlos Fenoll, en cuyo horno se reunían aquellos jóvenes escritores, o a Jesús Poveda.

La lectura de clásicos y contemporáneos, la participación en la pequeña sociedad literaria local y el éxito de sus composiciones publicadas en revistas del pueblo y de la comarca encienden en Miguel Hernández el deseo de ser poeta y de conquistar literariamente Madrid. No le resultó fácil. De hecho, de su primer viaje (1931-1932) volvió más pobre de lo que se había ido y muy decepcionado. Con todo, la experiencia le sirvió para dar un salto importante como escritor, como se verá en los poemas de su primer libro, *Perito en lunas*, publicado en Murcia en 1933, aunque esta primera obra no levantó las pasiones que Miguel esperaba.

Entre 1934 y 1935 viaja varias veces a la capital con poemas y obras de teatro bajo el brazo y por fin las cosas van un poco mejor. Recordemos que el 14 de abril de 1931 se había proclamado la Segunda República, lo que supuso el exilio del rey Alfonso XIII tras el fin de la dictadura de Primo de Rivera, y que el Madrid de aquellos momentos hervía de vida cultural y política. Miguel Hernández tendrá ocasión de relacionarse con José Ortega y Gasset, Federico García Lorca, Rafael Alberti, Vicente Aleixandre, Pablo

Neruda o la filósofa y poeta María Zambrano. Con algunos trabó una amistad sincera, como Aleixandre, Neruda o Zambrano. Con Federico García Lorca, en cambio, su relación fue extraña y distante. El orcelitano admiraba al granadino, pero muy pronto Lorca empezó a evitarlo. Esta incompatibilidad provocó situaciones bastante tensas en las que el joven aspirante llevaba las de perder frente al autor consagrado. Su amiga María Zambrano evocó este momento en un artículo para el periódico *El País* muchos años después:

> La acogida que le dieron de inmediato las «élites» de aquel Madrid, donde efectivamente las había, no despertó en él vanidad alguna. Intacto le dejó el golpe que tan fácilmente podía haber sido anodadador: verse así acogido en modo extraordinario por quienes ejercían la hegemonía de la vida intelectual española, Ortega y Gasset, con su *Revista de Occidente*, y antes José Bergamín, con la revista *Cruz y Raya*. Y que le fuera ofrecido modo y manera de quedarse en Madrid haciendo un trabajo que nunca supe si le gustaba o no: colaborar en la *Enciclopedia taurina* que Espasa-Calpe preparaba, dirigida por José María Cossío por obra de Ortega. Y toda aquella «pléyade de poetas» que lo acogió como mejor podía, con la excepción de un poeta prometido al «sacrificio» en modo fulgurante, que experimentaba una especie de «alergia» ante su presencia personal. Y de ello poco supe, pues que Miguel acusaba la tristeza, mas no la causa. Y tampoco puedo saber si esta incompatibilidad de aquel gran poeta que, sin sacrificio, lo era ya, era lo que más lo acongojaba en medio de aquel esplendor y de aquella cordialidad sin reservas que lo rodeaba.

En 1934 publica su auto sacramental *Quién te ha visto y quién te ve y sombra de lo que eras* en la revista *Cruz y Raya*, de José Bergamín, y ese mismo año se publican dos actos de otra obra, *El torero más valiente*, en la revista *El Gallo Crisis*, fundada en Orihuela por su amigo Ramón Sijé y de signo católico conservador. Mientras tanto, sigue escribiendo poemas. Del libro *El silbo vulnerado* existen por lo menos tres versiones en las que puede apreciarse la evolución estética, pero sobre todo ideológica, que tiene que ver con su distanciamiento de Ramón Sijé. *El silbo vulnerado* no llega a publicarse o, mejor dicho, se transforma, finalmente, en *El rayo que no cesa* (1936).

Este libro se publica en la imprenta de Manuel Altolaguirre, otro poeta del grupo del 27. Se trata de una colección compuesta, sobre todo, por sonetos de temática amorosa. El gran amor de Miguel fue Josefina Manresa, una costurera de Orihuela a la que había conocido unos años antes y con la que mantuvo un largo noviazgo, aunque la vida en Madrid de Miguel y la guerra civil retrasaron la boda. Las innumerables cartas que Miguel le escribió nos dan noticia del día a día del poeta en Madrid, en el frente, durante su viaje a la Unión Soviética y, finalmente, en su terrible periplo por varias cárceles hasta su muerte. Sin embargo, entre los años 1934 y 1936, hubo otras mujeres, como la pintora surrealista Maruja Mallo, con la que mantuvo una breve relación, o la poeta murciana María Cegarra, que nunca correspondió al oriolano.

En *El rayo que no cesa* se publicó también la elegía a Ramón Sijé, que había muerto en la Nochebuena de 1935. Miguel ya se había distanciado de él por sus ideas reaccionarias, pero el poema refleja el profundo cariño que los había unido. Aparte de su propia evolución personal e intelectual, gracias al contacto con personajes como Pablo Neruda o Vicente Aleixandre había descubierto nuevas posibilidades estéticas y, por otro lado, se había ido alejando del neocatolicismo de su amigo. El Miguel Hernández que publica *El rayo que no cesa* ya es muy diferente al que tres años antes llegaba por primera vez a Madrid con un cuadernillo de versos. Para Dario Puccini, la «Elegía a Ramón Sijé» «sella definitivamente su alejamiento de la ideología católica».

Cuando estalla la guerra, Miguel Hernández tiene muy claro de qué lado está. En verano de 1936 se afilia al Partido Comunista y en septiembre se incorpora al frente como zapador. En noviembre pasa a ocupar el cargo de agregado cultural. Desde las trincheras, escribirá artículos y poemas para levantar la moral de los soldados que luchaban en el frente. El poeta se compromete plenamente con la causa de la libertad y el antifascismo. El Miguel que vive el levantamiento militar contra la república legítima ya no es un aprendiz, sino un poeta maduro. *El rayo que no cesa* lo había consagrado como uno de los autores destacados de su generación. Es entonces cuando, ante la necesidad de tomar partido, pone su pluma y su talento al servicio de la causa que considera justa.

Muchos de los poemas más combativos, escritos en los primeros meses de la contienda, los reunió en el libro *Viento del pueblo* (1937), tras haber sido publicados en revistas volanderas que se distribuían por el frente o recitados por el mismo poeta. Como indica Elena Medel:

> Sus palabras aparecían en las páginas de *El Mono Azul*, de *Al Ataque* y *Ayuda*, *La Voz del Combatiente*, *Frente Sur*. Se imprimían para que los leyeran los soldados, los recitaba en voz alta cuando la batalla se detenía y la vida se recuperaba. (...) Su escritura atendía al presente, y el presente lo ocupaba la guerra.

En 1937, en plena guerra, se casa por lo civil con Josefina Manresa y a finales de año nace su primer hijo, Manuel Ramón. Ese mismo año, además de *Viento del pueblo*, se publican sus textos dramáticos *Teatro en la guerra* y *El labrador de más aire*. Por su trabajo como dramaturgo, el Ministerio de Instrucción Pública lo invita a viajar a la Unión Soviética. Sobre este viaje se ha incluido una de las cartas que mandó a Josefina Manresa desde Moscú.

El entusiasmo de sus primeros versos de guerra va mutando en una visión más descarnada de la cruel realidad del conflicto y en una intuición de la derrota. A ello se suma la muerte de su primer hijo antes de cumplir un año. En 1939 nace su segundo hijo, Manuel Miguel, y el poeta prepara la publicación de *El hombre acecha*. En este libro, el tono –se advierte ya desde el título– es otro. Como señala Agustín Sánchez Vidal en la «Introducción» a *Obra completa*:

> La inflexión de la producción bélica de Hernández con *El hombre acecha* es indudable, en progresivo detrimento de la épica y con un lento pero seguro declinar hacia el intimismo defensivo. Su participación en la batalla de Teruel en diciembre de 1937, reflejada en una prosa y el poema del mismo título, ya tiene poco del esperanzado tono de sus primeras entregas bélicas.

Al terminar la guerra, intenta huir por Portugal, pero la policía portuguesa lo detiene y lo devuelve a España, donde será ingresado en la prisión de Torrijos (Madrid). Miguel intenta por todos los medios pedir ayuda a amigos del bando vencedor. Entre otros, lo intenta con Luis Almarcha, su mentor en sus días mozos de Orihuela, que estaba muy bien relacionado con el nuevo régimen, pero este no le ayudó ni en este primer encarcelamiento ni después. También escribe a Pablo Neruda, por entonces cónsul de Chile para la emigración española en París, que tenía el cometido de ayudar a los republicanos en su camino al exilio (Neruda fue el responsable de que muchos republicanos salieran con vida de España y se embarcaran en el paquebote Winnipeg rumbo a Chile). El autor de *Residencia en la tierra* sí que hizo gestiones para liberarlo, pero sin éxito. Según apunta José Luis Ferris, Miguel pudo haber sido excarcelado de manera inesperada por una curiosa medida de gracia: «La medida de liberar a todos aquellos presos que aún no habían sido sometidos a juicio (...) podría ser una buena hipótesis».

Durante los meses de su primer cautiverio, Miguel sigue escribiendo *Cancionero y romancero de ausencias*, que ya había empezado en los últimos meses de la guerra. De este periodo es la última carta recogida en esta antología, aunque escribió muchas más. En ella, Miguel manda a Josefina el poema «Nanas de la cebolla», dedicado a su hijo Manolillo, que se convertirá en una de sus piezas más emblemáticas, además de ser un poema de una ternura conmovedora.

Tras ser liberado, vuelve a Cox, el pueblo cercano a Orihuela donde vive Josefina, y le entrega el libro. Este retorno a su tierra fue su mayor error. Pocos días después es detenido y encerrado en el Seminario de Santo Domingo de Orihuela. Su periplo por distintas cárceles de la España franquista fue terrible y está documentado en su abundante correspondencia. En una de estas prisiones, coincidió con el dramaturgo Antonio Buero Vallejo, que dibujó un retrato de Miguel que se ha convertido en la imagen más reconocible del poeta y que ilustra, también, la portada de esta antología.

A principios de 1940, Miguel es juzgado y condenado a muerte, pero le conmutan la pena a treinta años de cárcel. Sin embargo, su salud ya precaria no resiste el encarcelamiento y empeora cada vez más. En 1942 se casa por la iglesia con Josefina, ya que la dictadura ha anulado todos los matrimonios civiles. Finalmente, muere en el Reformatorio de Adultos de Alicante el 28 de marzo de este año.

¡En mi barraquica!

Miguel Hernández empezó a escribir durante la adolescencia, hacia 1925. Su formación escolar y el acceso a la biblioteca del canónigo Luis Almarcha le permitieron leer a los clásicos del Siglo de Oro y de la Antigüedad, o a autores como Gabriel Miró, el gran narrador de la Orihuela de finales del siglo XIX, o el trasnochado poeta modernista Gabriel y Galán. Además, la relación con otros jóvenes con inquietudes literarias parecidas contribuyó a ampliar lecturas y consolidar su vocación.

Sus primeros poemas nos muestran a un poeta en ciernes. No son todavía obras de relevancia estética, pero asientan la vocación y hacen que se decida, a los veinte años, a probar fortuna en Madrid tras publicar algunos poemas en revistas de ámbito local. El primero fue el titulado «Pastoril», que salió en el periódico *El Pueblo de Orihuela* el 13 de enero de 1930.

En esta primera etapa, prueba diferentes formas y temas e imita a los poetas que ya ha leído, como San Juan de la Cruz, Gustavo Adolfo Bécquer, Gabriel y Galán, Gabriel Miró, Góngora o Juan Ramón Jiménez. Por su experiencia vital, no es extraño que la naturaleza tenga una presencia importante, así como cierto costumbrismo dialectal, como el que aparece en el poema en panocho «¡En mi barraquica!», el segundo que publicó en *El Pueblo*. También encontramos una idea ingenua y literaria del amor y referencias mitológicas poco digeridas. En cualquier caso, son poemas poco elaborados, como señala Carmen Alemany Bay:

Carecen de proceso de creación –o al menos el poeta no conservó manuscritos–, a excepción de aquellos que espacialmente estarían próximos a las octavas de *Perito en lunas*, en ellos empieza a someter el texto a sutiles tensiones.

Para su primer viaje a Madrid en noviembre de 1931, Hernández reunió en un cuadernillo algunos poemas como carta de presentación ante la sociedad literaria de la Villa y Corte. Como ya se ha dicho, aquel viaje no salió como él esperaba, aunque se alargó por varios meses. El joven aprendiz consiguió entrevistarse con Ernesto Giménez Caballero, escritor y político, quien publicó en su revista *La Gaceta Literaria* un comentario que fijaba una imagen casi caricaturesca del pastor-poeta. Esta idea del pastor pueblerino autodidacta que quiere ser poeta ha sido una de las losas más pesadas que tuvo que soportar Miguel Hernández tanto en vida como en su posteridad. Una imagen tópica que nada tiene que ver con un creador cuyo talento literario estaba en formación, pero que había de convertirse en una de las voces más relevantes de la poesía española del siglo XX.

El viaje de ida y vuelta a Madrid, que vive como un fracaso, le sirve, sin embargo, para darse cuenta de que tiene que trabajar su poesía y para abandonar la estética más o menos modernista ya superada en la capital y acercarse al neogongorismo de poetas como Gerardo Diego, Rafael Alberti o Jorge Guillén. Este trabajo será el que le llevará a escribir *Perito en lunas*.

Qué luna es de mejor sabor y cepa

Perito en lunas está formado por cuarenta y dos octavas reales. La octava real, estrofa gongorina por excelencia (ocho endecasílabos con rima ABABABCC), le servirá como molde donde incrustar unas imágenes muy elaboradas y herméticas que describen los más variados objetos. El libro se publicó con una breve nota de Ramón Sijé que celebraba la evolución poética de Miguel hacia este hermetismo, que se identificaba con el misterio religioso: «cuando el poeta es recta unidad y torre cerrada, cruza, pariendo, su tercera luna».

Además de las octavas publicadas, existen muchas más que quedaron fuera del libro. Paralelamente, Miguel Hernández también trabajó otra forma cerrada, la décima, siguiendo el modelo de Jorge Guillén en *Cántico*. Tras un proceso de selección y depuración, en el que también influyó la necesidad de ajustarse a los criterios editoriales (el libro debía tener 46 páginas), se llegó a las que forman finalmente *Perito en lunas*.

Junto a este trabajo de selección, hay que tener en cuenta el esfuerzo del poeta por encontrar un lenguaje poético propio que se alejara de su etapa anterior, conectara con la poesía que le interesaba en ese momento y a la vez le permitiera expresarse. No debió ser un proceso fácil. La octava real, como estrofa redonda (que se cierra en sí misma), exige un esfuerzo de concentración de las ideas y las imágenes. Los objetos elegidos por Hernández para sus poemas descriptivos, pues eso son, proceden de su imaginario rural y pueblerino –la palmera, el gallo, la granada, el toro, la sandía...–, pero su manera de aproximarse a ellos los eleva a complicados artefactos líricos. De hecho, cada estrofa es como un acertijo, una adivinanza a veces imposible de resolver. Cabe recordar que los poemas de *Perito en lunas* se publicaron sin los títulos, que se añadirían más tarde, por lo que la sensación de extrañeza al leerlos debía ser aún mayor. Por ejemplo, si se lee sin título una estrofa como la siguiente:

Subterfugios de luz, lagartos, lista,
encima de la palma que la crea:
invención de colores a la vista,
si transitoria, del azul, pirea.
A la gloria mayor del polvorista,
rectas la caña, círculos planea:
todo un curso fugaz de geometría,
principio de su fin, vedado al día.

Es difícil decir que la solución a la adivinanza es «cohetes» y que, por lo tanto, se describe un espectáculo pirotécnico. Y esta no es de las más abstrusas del libro.

El esfuerzo de Miguel en *Perito en lunas* le ha de servir para dominar la forma poética y el idioma, aprender a construir metáforas elaboradas y dotarse de un músculo creador que hasta entonces no estaba lo bastante entrenado. Como dice Carmen Alemany:

> Un proceso de creación intenso, y urgente en su caso, que irá variando cuando decida internarse en otro tipo de estrofas o de versificación, pero la intensidad a la que asistimos en estos momentos ya no será la misma: el poeta ha empezado a dominar la técnica.

Si los objetos descritos proceden del mundo rural, la técnica poética bebe de la poesía más conceptual. El gongorismo hace referencia a Luis de Góngora, autor del *Polifemo*, un poema que impresionó hondamente a Hernández, pero también conviene mencionar el neogongorismo de poetas como Rafael Alberti o Gerardo Diego, que influyen en este libro, o incluso el cubismo. Una versión anterior del libro, de hecho, se titulaba *Poliedros*. Igualmente, el juego de palabras y el hallazgo del giro insospechado deben mucho a las greguerías de Ramón Gómez de la Serna.

Sin embargo, Miguel imprime a menudo una tensión y un hermetismo mucho mayores a sus octavas reales. A la sazón es un poeta de veintidós años que se pone a prueba. Hay una voluntad manifiesta de no ser transparente, de buscar lo que de misterioso hay en la poesía solo al alcance de iniciados y expertos, lo que también nos conecta con sus ideas tanto religiosas como estéticas en ese momento.

Elementos que ya estaban presentes en la poesía de Miguel, como el toro, la sandía o el gallo, reaparecen aquí vestidos con complejas metáforas. Por ejemplo, el gallo se convierte en un arcángel anunciador en una octava que termina, precisamente, con un célebre verso de las *Soledades*, de Góngora: «a batallas de amor, campos de pluma».

De todos estos elementos, la luna es el más presente y el hilo conductor. La luna es una referencia al mundo natural, pero también a la tradición poética y a la mitología. Es símbolo de lo mudable, de lo que tiene varias caras, pero también representa la vocación poética. El término *perito* alude a un experto o entendido en una materia y remite a un lenguaje técnico. En la octava «Horno y luna», aparece el sintagma que da título al libro y se confrontan dos lunas: «una imposible y otra encontradiza». La primera es el satélite terrestre y representa, como hemos dicho, la vocación poética; la segunda luna es la hogaza de pan, efímera y cotidiana. El sujeto poético se pregunta «¿hacia cuál de las dos haré carrera?»; es decir, hacia la vocación artística o hacia el oficio tradicional.

Con estos portentosos mimbres, Hernández presentó un primer libro que consiguió llamar la atención de algunos lectores –se publicaron varias reseñas, entre ellas de grandes poetas como Pedro Salinas–, pero no generó el entusiasmo que él esperaba. De ello se quejó con amargura y contundencia a Federico García Lorca en la carta reproducida al final de esta antología.

Gozar, y no morirse de contento

Durante los años 1934 y 1935, Miguel sigue escribiendo mucho. En un primer momento, es un autor de teatro y poesía de signo católico. Aunque la coincidencia con las ideas de Ramón Sijé no sea total, hay una sintonía evidente. José Marín funda con otros escritores orcelitanos la revista *El Gallo Crisis* para defender sus postulados de pureza cristiana. Miguel Hernández colabora en ella activamente con varios textos e incluso consigue que participen otros poetas.

De estos años son también sus obras de teatro en verso: *Quién te ha visto y quién te ve y sombra de lo que eras*, un auto sacramental inspirado tanto formal como ideológicamente en el teatro religioso del Siglo de Oro –sobre todo, de Calderón–, que publica en la revista *Cruz y Raya*, de José Bergamín, también de ideología católica, pero no tan reaccionaria como la de Sijé, y *El torero más valiente*, de la que solo se conservan dos actos publicados, precisamente, en los números 3 y 4 de *El Gallo Crisis*. La tercera obra teatral de Miguel Hernández, *Los hijos de la piedra*, ya de 1935, marca un punto de inflexión. Jaume Pérez Montaner resume así este proceso:

> [En *El torero más valiente*] a la influencia de Sijé empieza a superponerse la de Neruda, y en la siguiente obra, *Los hijos de la piedra* (1935), señala el rumbo definitivo de su producción dramática: un teatro comprometido, políticamente revolucionario y popular. Esta última característica estaba ya

implícita en la primera obra, hasta el punto de poderse decir, como se ha dicho, que se trata de un auto religioso teológico impregnado de esencias líricas populares.

Su poesía sigue un camino más o menos similar. Se trata de una etapa compleja, porque la producción es abundante y muy variada. Encontramos poemas todavía muy cercanos a *Perito en lunas*; décimas (véase el poema «FLOR-de almendro» de esta antología); poemas de verso corto que pueden recordar a las *Odas elementales* de Neruda; los llamados silbos, con aire de canción popular, o poemas que juegan a ser elegías (composiciones normalmente dedicadas a un difunto o a algo perdido: un amor, una ciudad, etc.), pero que en realidad se impregnan del tono humorístico de las greguerías de Gómez de la Serna. Solo hay que pensar, por ejemplo, que Lolo, el portero a quien dedica la «ELEGÍA-al guardameta», era un amigo con quien jugaba al fútbol y que lo sobrevivió bastantes años.

Junto a estas composiciones están los poemas de temática religiosa y tono profético, que coinciden con el momento de mayor sintonía con Ramón Sijé. Algunos de estos poemas verán la luz en la revista *El Gallo Crisis*. Sin embargo, su temperamento telúrico nunca acabará de encajar con el ascetismo de Sijé. En la primera versión de *El silbo vulnerado* –un título que engloba más que un libro un proceso de evolución lírica– la poesía de Hernández es formalmente más clara (la poesía profética debe ser entendida) y de métrica variada (octavas, décimas, silvas, sonetos...), pero es conceptualmente mucho más compleja que *Perito en lunas* y está impregnada de simbología católica. En esta etapa, escribe unos cuantos poemas religiosos de gran belleza, hasta el punto de que Pablo Neruda dijo de él que era «el más grande poeta nuevo del catolicismo español».

El silbo vulnerado conocerá una segunda y una tercera versión (titulada *Imagen de tu huella*) en las que el soneto se impone como forma única y la religiosidad va dejando paso a otro tema: el amor. Algunos de los sonetos de estas dos versiones, con otras composiciones, conformarán el tercer libro de Miguel: *El rayo que no cesa.*

Un limón, y tan amargo

Publicado en enero de 1936, *El rayo que no cesa* está formado por treinta poemas, algunos procedentes con más o menos variantes de *El silbo vulnerado* e *Imagen de tu huella.* La estructura es casi simétrica. Se abre con un primer poema «Un carnívoro cuchillo» (redondillas de rima alterna), al que siguen trece sonetos. Después llega el poema central «Me llamo barro», una silva (poema polimétrico) de 61 versos, tras la cual aparecen trece sonetos más. El penúltimo poema, incluido en el último momento, es la «Elegía a Ramón Sijé». Cierra el libro un último soneto.

Los sonetos de *El rayo que no cesa* reflejan una pasión amorosa tremendamente humana, en tensión constante. El amor es a la vez dulce y amargo. El rechazo o la frialdad de la amada causan el dolor del amante, que se entrega tan completamente que no es más que el barro («Me llamo barro aunque Miguel me llame») que pisa el pie de ella. El amor es el rayo que no cesa, el viento huracanado, incapaz de contenerse, pero que, encajado en la forma cerrada del soneto, se debate entre polos opuestos. Por ejemplo, si el corazón de la amada es una naranja helada, el del amante es una granada febril.

Concha Zardoya define así el amor que reflejan estos poemas:

Un hondo y potente sentimiento amoroso riega la más honda raíz del libro, unida a una consciencia no menos profunda del dolor. No solo se exalta el amor apasionadamente, sino que también la soledad y la pena vibran a la par de un modo irreprimible. Una nota dramática, preñada de patetismo, ensombrece la deslumbrante belleza de algunos sonetos y la dulce melancolía de otros. Desolada tristeza y aun presagios de muerte cruzan por muchos endecasílabos en los que, por otra parte, alienta una concepción dionisíaca de la vida y un sentido sensual del amor. No es un amor resignado, pues a menudo se encrespa en ira colérica, atormentado por un insaciable ímpetu que casi sobrepasa los límites de lo humano: es acometedor como el toro, bravío, rebelde, alucinado. Mas hay ocasiones en que el sufrir del poeta enamorado se reviste de una suave mansedumbre o de una gravedad meditativa, empapada de presentimientos y agonías, nacida al calor de una pasión trágica y viril. La violenta tensión creadora que sostiene todo el libro, brota del abrasado corazón del hombre y del poeta Miguel Hernández.

Mención aparte merece la «Elegía a Ramón Sijé», uno de los poemas más bellos de la lengua castellana. La repentina muerte del amigo fue un golpe duro para Miguel. La muerte, hasta entonces vista como algo ajeno o teórico, se vuelve palpable e hiriente. Aunque el poema se sale del tema del conjunto, fue incluido en el libro tras haberse publicado previamente en la *Revista de Occidente*. Allí lo leyó Juan Ramón Jiménez, que le dedicó palabras muy elogiosas:

> Verdad contra mentira, honradez contra venganza. En el último número de la *Revista de Occidente* publica Miguel Hernández, el estraordinario muchacho de Orihuela, una loca elejía a la muerte de su Ramón Sijé y seis sonetos desconcertantes. Todos los amigos de la «poesía pura» deben buscar y leer estos poemas vivos.

Y de eso se trata, precisamente. Todo el aprendizaje literario, el virtuosismo adquirido, el dominio de las formas, la imaginería tanto culta como popular, las enseñanzas de poetas como Vicente Aleixandre o Pablo Neruda, se ponen aquí al servicio de una profunda verdad y Miguel crea una de sus composiciones más estremecedoras.

Mi sangre es un camino

Los poemas agrupados bajo el epígrafe «Poemas sueltos III» fueron escritos entre 1935 y 1936. En ellos se refleja la gran transformación poética y política de Miguel Hernández que se produce durante su segunda estancia en Madrid, cuando entabla amistad con poetas como Pablo Neruda y Vicente Aleixandre, por ejemplo. Ya no estamos ante una poesía de formas cerradas, sino que gana terreno el verso libre. La poesía de Hernández se impregna de la llamada «poesía impura», en contraposición con la «poesía pura» de, por ejemplo, Juan Ramón. Aunque no llega a ser surrealista, como la de sus amigos y maestros Aleixandre (*La destrucción o el amor*) o Pablo Neruda (*Residencia en la tierra*), sí que aprovechará recursos y estrategias propios de este movimiento. Como afirma Cano Ballesta, en esta etapa, «el poema habrá de ser una proyección total de la existencia, no solo de sus aspectos más luminosos; se busca un humanismo más integral».

Basta con leer algún poema para comprobar que la libertad del verso, de la palabra y de la imagen va en consonancia con un pensamiento también más libre, menos encorsetado. Hay composiciones de tono existencial como «Sino sangriento», en el que la vida se concibe como un continuo volver a empezar: «un edificio soy de sangre y yeso/ que se derriba él mismo y se levanta sobre andamios de hueso», o poemas de tono más cívico, como «Sonreídme», en el que el poeta se muestra liberado por fin de las ataduras religiosas: «Me libré de los templos: sonreídme». Entre los poemas de este período, que no se han incluido en esta antología, se encuentran también las odas que dedica a Vicente Aleixandre y Pablo Neruda. El influjo de los dos futuros premios Nobel será decisivo para liberar del todo la poesía de Miguel Hernández.

Vientos del pueblo me llevan

Precisamente a Vicente Aleixandre dedica Hernández *Viento del pueblo*, el libro que, en 1937, recoge algunos de los poemas de la guerra. Aquí encontramos una definición de lo que entiende Miguel por ser poeta en ese momento:

> Los poetas somos viento del pueblo: nacemos para pasar soplados a través de sus poros y conducir sus ojos y sus sentimientos hacia las cumbres más hermosas. Hoy, este hoy de pasión, de vida, de muerte, nos empuja de un imponente modo a ti, a mí, a varios, hacia el pueblo. El pueblo espera a los poetas con la oreja y el alma tendidas al pie de cada siglo.

El viento es el que esparce la palabra del poeta y el pueblo lo escucha. En la introducción al libro, Tomás Navarro y Tomás dice, entre más cosas: «En muchos casos, sus recitaciones exaltando los ánimos de sus camaradas han hecho vibrar los campos con aplausos enardecidos». El componente de oralidad de estos poemas es fundamental. Miguel Hernández es capaz de recuperar, en estos momentos, la voz popular que llevaba dentro y componer romances vibrantes y enardecedores, pero también elegías, como la que dedica a Federico García Lorca, asesinado por los fascistas en los primeros días de la guerra.

En los versos de *Viento del pueblo* hay optimismo, seguridad en la victoria y un tono claramente comprometido, a veces panfletario. Ahora bien, la destreza poética de Miguel es capaz de superar el panfleto y escribir grandes poemas de compromiso y de combate. Si hay algún poeta que ha sido capaz de conseguirlo, es él.

Pero la guerra es dolor y muerte, y también derrota. El segundo libro de Hernández escrito durante la contienda (aunque la edición, que ya estaba preparada, se perdió prácticamente por completo tras la derrota republicana) es *El hombre acecha* (1939). Aquí el tono es distinto. Miguel se ha casado, ha vivido la experiencia traumática de perder a un hijo a los pocos meses de nacer y ha visto cómo las tropas franquistas avanzaban y las republicanas perdían posiciones. El rostro más cruel de la guerra asoma: el hambre, la tristeza, el odio. En su dedicatoria a Neruda, Miguel lo describe de esta manera: «Mira cuántas bocas cenicientas de rencor, hambre, muerte, pálidas de no cantar, no reír: resecas de no entregarse al beso profundo». En realidad, más que un libro con otro tono, *El hombre acecha* es una obra de registros más variados que el anterior. Según Leopoldo de Luis y Jorge Urrutia:

> No puede decirse que estemos ante un libro unitario, porque la actitud del poeta dista de ser uniforme en todos los poemas. Los hay que resultan una continuación del tono exaltado de *Viento del pueblo*. Otros, intensifican el sentido social. Alguno se muestra abiertamente político. Un grupo, el más numeroso, refleja tesitura afligida con desgarrado acento humano.

La humanidad, la preocupación por el destino de los hombres, desligada ya de cualquier atadura política o religiosa, es lo que ocupa muchos poemas de *El hombre acecha* y es el centro sobre el que gravitan los textos escritos en los últimos meses de la guerra y en las cárceles franquistas donde su vida terminó por consumirse y que forman el *Cancionero y romancero de ausencias*. Pero aquí, esa humanidad la encarna más que nunca el hombre Miguel Hernández, que llora la muerte del primer hijo, que lamenta el dolor causado por la guerra, que sufre en prisión, que siente la ausencia de la amada. Esta experiencia tan concreta, tan individual, trasciende, sin embargo, en unos poemas que nos hablan a todos.

Se trata de un libro de plena madurez lírica. Las circunstancias terribles en las que fue escrito no deben hacernos pensar en una poesía solo testimonial. Al contrario, aquí Miguel encuentra su voz más auténtica y sincera, y también la más efectiva literariamente. El libro combina poemas cortos, como el célebre «Llegó con tres heridas», que resume con el material lingüístico más esencial, la existencia humana, con largas tiradas como el impresionante «Hijo de la luz y de la sombra». El tipo de composición bebe de las formas populares: canciones, romances, redondillas, que Hernández conocía bien porque era de donde nacía su poesía. Ahora, estas formas menos cultas que la octava, la décima o el soneto están al servicio de la verdad más íntima del poeta, que no es otra que la de su más desnuda humanidad en el instante más adverso.

PROSA

En esta antología, además de los textos líricos, se han incluido algunas prosas y algunas cartas que ayudan a hacerse una idea de quién fue el escritor Miguel Hernández. Las primeras prosas son sobre dos grandes amigos: Ramón Sijé y Pablo Neruda. El texto sobre Sijé está escrito al enterarse de su muerte. Es, por lo tanto, inmediatamente anterior a la «Elegía». El texto sobre Neruda no es el único que escribió sobre el poeta chileno, pero este es especialmente interesante porque en él se aprecia que, más allá de la admiración y la amistad, Miguel Hernández es capaz de mantener siempre su independencia de criterio.

Los textos sobre la guerra acompañan a la perfección los poemas, sobre todo, de *Viento del pueblo* y *El hombre acecha*, muestran las ideas que defendió Miguel en el frente republicano. Por ejemplo, en el texto «Hombres de la Primera Brigada Móvil de Choque» aparece la historia de la artificiera Rosario, que será poetizada en el poema «Rosario, dinamitera», así como el retrato de Pablo de la Torriente, militar cubano muerto en el frente, a quien dedicó la «Elegía segunda».

La última de las prosas es uno de los cuentos que Miguel escribió en la cárcel para su hijo. Como en las cartas, es estremecedora la ternura con la que lucha por mantener levantado el ánimo de su familia desde la celda.

Las cartas, por otra parte, nos permiten conocer un poco mejor los anhelos y algunas situaciones vitales del poeta. La correspondencia de Miguel Hernández es inmensa, sobre todo la que mantuvo con su esposa, pero confiamos en que esta pequeña muestra ayude a completar la imagen del autor de las «Nanas de la cebolla», un poema enviado a Josefina Manresa junto a una de las cartas que reproducimos.

Me llamo barro

Miguel Hernández pasó en pocos años de ser un joven pueblerino con veleidades literarias a escribir algunos de los poemas más memorables de la poesía castellana del siglo pasado. Las terribles circunstancias de su muerte, su asesinato –porque dejar morir a alguien en cárceles insalubres no es otra cosa–, pueden haber influido en su posteridad, pero no le quitan ni un ápice de valor a su obra. Miguel Hernández fue un poeta comprometido con su quehacer literario y nunca abandonó su anhelo. Escribir era para él una necesidad y persiguió su objetivo con voluntad inquebrantable. En el camino, supo aprender de los maestros con los que se cruzó, sin dejar de ser él mismo. La naturaleza, el amor, la guerra, la vida y la muerte fueron los grandes temas de su obra. Aquel niño que empezaba a leer los clásicos en las majadas de Orihuela y soñaba con ser poeta y el hombre joven, demasiado joven para morir, que sucumbió a la enfermedad en el Reformatorio para Adultos de Alicante, que eran barro, aunque se llamaran Miguel, nos traen para siempre la luna cuando es preciso.

BIBLIOGRAFÍA

ALEMANY BAY, Carmen (2013). *Miguel Hernández, el desafío de la escritura*. Visor.

CANO BALLESTA, Juan (1974). «Introducción». En *El hombre y su poesía*, de Miguel Hernández. Cátedra.

DE LUIS, Leopoldo y URRUTIA, Jorge (1984). «Introducción». En *El hombre acecha. Cancionero y romancero de ausencias*, de Miguel Hernández. Cátedra.

FERRIS, José Luis (2002). *Miguel Hernández. Pasiones, cárcel y muerte de un poeta*. Planeta.

HERNÁNDEZ, Miguel (1992). *Obra completa*. Edición crítica de Agustín Sánchez Vidal y José Carlos Rovira, con la colaboración de Carmen Alemany. Espasa-Calpe.

HERNÁNDEZ, Miguel (2023). *Libro de la guerra*. Edición de Elena Medel. Seix Barral.

MEDEL, Elena (2023). «El soldado más herido». En *Libro de la guerra*, de Miguel Hernández. Edición de Elena Medel. Seix Barral.

PÉREZ MONTANER, Jaume (1975). «Notas sobre la evolución del teatro de Miguel Hernández». En IFACH, María Gracia (ed.), *Miguel Hernández. El escritor y la crítica*, pp. 279-287. Taurus.

PUCCINI, Dario (1987). *Miguel Hernández: Vida y poesía y otros estudios hernandianos*. Instituto de Estudios Juan Gil-Albert.

SÁNCHEZ VIDAL, Agustín (1992). «Introducción». En *Obra completa* de Miguel Hernández. Espasa-Calpe.

ZAMBRANO, María (2007). *Algunos lugares de la poesía.* Trotta.

ZARDOYA, Concha (1975). «El mundo poético de Miguel Hernández». En IFACH, María Gracia (ed.), *Miguel Hernández. El escritor y la crítica*, pp. 109-117. Taurus.

ANTOLOGÍA

POESÍA

Poemas sueltos I

Que como el sol sea mi verso
más grande y dulce cuanto más viejo.

SONETO LUNARIO

Echa la luna, en pandos aguaceros,
vahos de luz, que los árboles azulan,
desde el éter goteado de luceros.
... En las eras, los grillos estridulan.

Con perfumes y armónicas, pululan
las brisas por el campo.
                                        En los senderos
verdean los lagartos y se ondulan
y silban los reptiles traicioneros.

Oigo un rumor de pasos...
                                        –¿Quién se acerca?
¡Desnuda una mujer!
                                        Su serenata
quiebra el grillo.
                                El lagarto huye.
                                                Se enrolla
el silbante reptil.
                                Y en una alberca
–arcón donde la luna es tul de plata–
cae la Leda lunar como una joya.

¡EN MI BARRAQUICA!

¡Siñor amo, por la virgencica,
ascucha al que ruega!...
A este huertanico
de cana caeza,
a este probe viejo
que a sus pies se muestra
¡y en jamás s'humilló ante denguno
que de güesos juera!
¡Que na ma se ha postrao elante Dios
de la forma esta!
M'oiga siñor amo.
M'oiga osté y comprenda
que no es una historia que yo he fabricao
sino verdaera.
¿Por qué siñor amo
me echa de la tierra,
de la barraquica ande la luz vide
por la vez primera?
¿Porque no le cumplo? ¿Porque no le pago?
¡Por la virgencica, tenga osté pacencia!
Han venío las güeltas malas, mu remalas.
¡Créalo! No han habío cuasi na e cosechas:
Me s'heló la naranja del huerto;
no valió la almendra

y las crillas del verdeo, el río
cuando se esbordó, de ellas me dio cuenta
que las pudrió tuicas; ¡no he recogío
pa pagar la jüerza!
¡Créalo siñor amo! ¡Y si no osté vaya
a mi barraquica y verá probeza!
Ella está en derrumbe,
de gujeros llena,
por ande entra el sol, por ande entra el frío
y las lluvias entran.
¡Créalo siñor amo! Y también mi esposa
paece lo suyo y no por enferma,
que es de ver que sus pequeñujicos
de pan escasean
y lo mesmo en verano que invierno
desnúas sus carnes las llevan.
¡Créalo siñor amo! y ¡aspérese al tiempo
que cumplirle puea!
Yo le pagaré tuico lo que debo.
¡Tenga osté pacencia!
¡Ay! no m'eche, no m'eche por Dios
de la quería tierra,
que yo quió morirme
ande yo naciera.
¡En mi barraquica llena de gujeros,
de miseria llena!

En la huerta, 15 de enero de 1930

SONETO

Estoy perdidamente enamorado
de una mujer tan bella como ingrata;
mi corazón otra pasión no acata
y mis ojos su imagen han plasmado.

Si escudriño en mi pecho, triste creo
que otra hermosa me diera solo enojos
y si sereno miro, ante mis ojos
su figura gentil tan solo veo.

Con voz trémula la dije mi cariño;
y sarcástica y cruel exclamó: «¡Niño,
conoces el amor solo de nombre!».

Y desde entonces sufro lo indecible...
¿Por qué, amada mujer, crees imposible
en un cuerpo de niño un alma de hombre?

En la huerta, 6 de febrero de 1930

ES TU BOCA...

Una herida sangrante y pequeña;
del purpúreo coral doble rama;
un clavel que en el alba se inflama;
una fresa lozana y sedeña.

Rubí, en dos dividido, que enseña
si se entreabre, blanquísima escama;
amapola, flor, cálida llama;
nido donde el amor canta y sueña.

Incendiado retazo de nube;
corazón arrancado a un querube;
fresco y rojo botón de rosal...

Es tu boca, mujer, todo eso...
Mas si cae dulcemente en un beso
a la mía, se torna en puñal.

A TI, RAMÓN SIJÉ

Amigo, cuando pienso en tu lejana
figura, te recuerdo en tu balcón,
con un lado de faz en la mañana
y otro en la habitación.

Tu mirada magnífica y caliente
(de tan caliente parece que quema)
desciende sobre el libro. Espesamente
suena tu voz recitando un poema.

Tu tez atardecida, lo está más
bajo el sol que se vuelca en ti con brío,
y, como de ella misma, por detrás
de la frente, te brota, tierno, el río.

PERITO EN LUNAS (1933)

(TORO)

¡A la gloria, a la gloria toreadores!
La hora es de mi luna menos cuarto.
Émulos imprudentes del lagarto,
magnificaos el lomo de colores.
Por el arco, contra los picadores,
del cuerno, flecha, a dispararme parto.
¡A la gloria, si yo antes no os ancoro,
–golfo de arena–, en mis bigotes de oro!

(SEXO EN INSTANTE, 1)

> ... fija en nivel la balanza
> con afecto fugitivo
> fulgor de mancebo altivo...
>
> GÓNGORA

> ¡Hacia ti que, necesaria,
> aun eres bella!...
>
> GUILLÉN

A un tic-tac, si bien sordo, recupero
la perpendicular morena de antes,
bisectora de cero sobre cero,
equivalentes ya, y equidistantes.
Clama en imperativo por su fuero,
con más cifras, si pocas, por instantes;
pero su situación, extrema en suma,
sin vértice de amor, holanda espuma.

(GALLO)

La rosada, por fin Virgen María.
Arcángel tornasol, y de bonete
dentado de amaranto, anuncia el día,
en una pata alzado un clarinete.
La pura nata de la galanía
es ese Barba Roja a lo roquete,
que picando coral, y hollando, suma
«a batallas de amor, campos de pluma».

(SANDÍA)

A Raimundo de los Reyes

Estío; postre al canto: tierno drama,
del blancor del mantel en menoscabo:
conforme con la luna más, se inflama,
en verde plenilunio desde el rabo.
Pero cuando el cuchillo le reclama
los polares cerquillos, tiene al cabo,
para frescas hacer, claras las voces,
un rojo desenlace negro de hoces.

(HORNO Y LUNA)

Hay un constante estío de ceniza
para curtir la luna de la era,
más que aquella caliente que aquel ira,
y más, si menos, oro, duradera.
Una imposible y otra alcanzadiza,
¿hacia cuál de las dos haré carrera?
Oh tú, perito en lunas; que yo sepa
qué luna es de mejor sabor y cepa.

(FUNERARIO Y CEMENTERIO)

Final modisto de cristal y pino;
a la medida de una rosa misma
hazme de aquel un traje, que en un prisma,
¿no? se ahogue, no, en un diamante fino.
Patio de vecindad menos vecino,
del que al fin pesa más y más se abisma;
abre otro túnel más bajo tus flores
para hacer subterráneos mis amores.

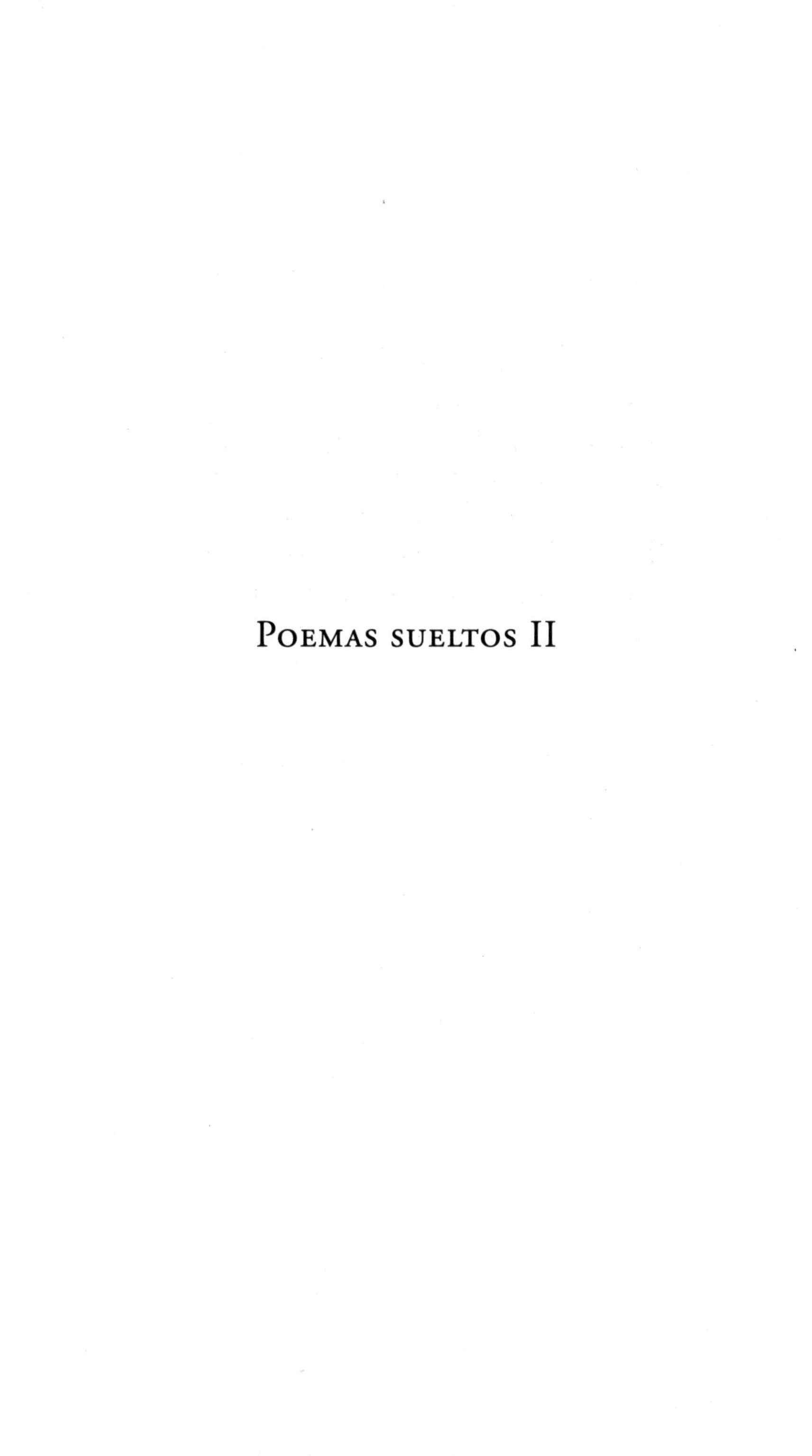

Poemas sueltos II

FLOR-de almendro

Flor de almendro temprano:
preliminar inocencia.
Aún no ha hecho el frío cano
discursiva su abstinencia.
Aún la verde diligencia
es ociosidad sutil;
y ya, a pesar del hostil,
en su detrimento, enero,
por su testigo primero
se propone blanco abril.

ELEGÍA-al guardameta

A Lolo, sampedro joven en la
portería del cielo de Orihuela.

Tu grillo, por tus labios promotores,
de plata compostura,
árbitro, domador de jugadores,
director de bravura,
¿no silbará la muerte por ventura?

En el alpiste verde de sosiego,
de tiza galonado,
para siempre quedó fuera del juego
sampedro, el apostado
en su puerta de cáñamo añudado.

Goles para enredar en sí, derrotas,
¿no la mundial moscarda?
que zumba por la punta de las botas,
ante su red aguarda
la portería aún, araña parda.

Entre las trabas que tendió la meta
de una esquina a otra esquina
por su sexo el balón, a su bragueta

asomado, se arruina,
su redondez airosamente orina.

Delación de las faltas, mensajeras
de colores, plurales,
amparador del aire en vivos cueros,
en tu campo, imparciales
agitaron de córner las señales.

Ante tu puerta se formó un tumulto
de breves pantalones
donde bailan los príapos su bulto
sin otros eslabones
que los de sus esclavas relaciones.

Combinada la brisa en su envoltura
bien, y mejor chutada,
la esfera terrenal de su figura
¡cómo! fue interceptada
por lo pez y fugaz de tu estirada.

Te sorprendió el fotógrafo el momento
más bello de tu historia
deportiva, tumbándote en el viento
para evitar victoria,
y un ventalle de palmas te aireó gloria.

Y te quedaste en la fotografía,
a un metro del alpiste,
con tu vida mejor en vilo, en vía

ya de tu muerte triste,
sin coger el balón que ya cogiste.

Fue un *plongeón* mortal. Con ¡cuánto! tino
y efecto, tu cabeza
dio al poste. Como un sexo femenino,
abrió la ligereza
del golpe una granada de tristeza.

Aplaudieron tu fin por tu jugada.
Tu gorra, sin visera,
de tu manida testa fue lanzada,
como oreja tercera,
al área que a tus pasos fue frontera.

Te arrancaron, cogido por la punta,
el cabello del guante,
si inofensiva garra, ya difunta,
zarpa que a lo elegante
corroboraba tu actitud rampante.

¡Ay fiera!, en tu jaulón medio de lino,
se eliminó tu vida.
Nunca más, eficaz como un camino,
harás una salida
interrumpiendo el baile apolonida.

Inflamado en amor por los balones,
sin mano que lo imante,
no implicarás su viento a tus riñones,

como un seno ambulante
escapado a los senos de tu amante.

Ya no pones obstáculos de mano
al ímpetu, a la bota
en los que el gol avanza. Pide en vano,
tu equipo en la derrota,
tus bien brincados saques de pelota.

A los penaltis que tan bien parabas
acechando tu acierto,
nadie más que la red le pone trabas,
porque nadie ha cubierto
el sitio, vivo, que has dejado, muerto.

El marcador, al número al contrario,
le acumula en la frente
su sangre negra. Y ve el extraordinario,
el sampedro suplente,
vacío que dejó tu estilo ausente.

DEL AY AL AY-por el ay

Hijo soy del *ay*, mi hijo,
hijo de su padre amargo.
En un *ay* fui concebido
y en un *ay* fui engendrado.
Dolor de macho y de hembra
frente al uno el otro: ambos.
En un *ay* puse a mi madre
el vientre disparatado:
iba la pobre –¡ay, qué peso!–
con mi bulto suspirando.
–¡Ay, que voy a malparir!
¡Ay, que voy a malograrlo!
¡Ay, que me apetece esto!
¡Ay, que aquello será malo!
¡Ay, que me duele la madre!
¡Ay, que no puedo llevarlo!
¡Ay, que se me rompe él dentro,
ay, que él afuera! ¡Ay, que paro!
En un *ay* nací: en un *ay*
y en un *ay*, ¡ay!, fui criado.
–¡Ay, que me arranca los pechos
a pellizcos y a bocados!
¡Ay, que me deja sin sangre!
¡Ay, que me quiebra los brazos!
¡Ay, que mi amor y mi vida

se quedan sin leche, exhaustos!
¡Ay, que enferma! ¡Ay, que suspira!
¡Ay, que me sale contrario!

Del *ay* al *ay*, por *ay*,
a un *ay* eterno he llegado.
Vivo en un *ay*, y en un *ay*
moriré cuando haga caso
de la tierra que me lleva
del *ay* al *ay* trasladado.
¡Ay!, dirá, solo, mi huerto;
¡ay!, llorarán mis hermanos;
¡ay!, gritarán mis amigos,
y ¡ay!, también, cortado, el árbol
que ha de remitir mi caja,
ya tal vez sobre lo alto,
ya tal vez bajo los filos
del hacha fiera en la mano.
El mundo me duele: ¡ay!
Me duele el vicio, y me paso
las horas de la virtud
con un *ay* entre los labios.
¡Ay, qué angustia! ¡Ay, qué dolor
de cielos, mares y campos;
de flores, montes y nieves;
de ríos, voces y pájaros!
Por palicos y cañicas,
¡ay!, me veo sustentado.
El lilio no me hace señas,
¡ay!, con pañuelito cano.

Las pitas no me defienden,
con sus espadones áridos,
del demonio. Las palmeras
no me quieren hacer alto
por más que viva a la sombra
de estrella de sus palacios.
No me pone la naranja
el ojo redondo y claro,
ni con sus luces porosas
el limón el gusto amargo.
Y ¡adiós!, el aire me dice
cuando pasa por mi lado.
La inmovilidad del monte
no lleva mi sangre al paro,
ni hacia los cielos me tiran
honda ruda y puro raso,
y tengo la carne siempre
pechiabierta a los pecados.
Sucias rachas tumban todas
las cometas que levanto,
y todos los ruy-señores
esquivos y solitarios
se burlan de ver mis sitios
malamente acompañados.
¡Ay!, todo me duele: todo:
¡ay!, lo divino y lo humano.
Silbo para consolar
mi dolor a lo canario,
y a lo ruy-señor, y el silbo,
¡ay!, me sale vulnerado.

EL SILBO DEL DALE

Dale al aspa, molino,
hasta nevar trigo.

Dale a la piedra, agua,
hasta ponerla mansa.

Dale al molino, aire,
hasta lo inacabable.

Dale al aire, cabrero,
hasta que silbe tierno.

Dale al cabrero, monte,
hasta dejarle inmóvil.

Dale al monte, lucero,
hasta que se haga cielo.

Dale, Dios, a mi alma,
hasta perfeccionarla.

Dale que dale, dale
molino, piedra, aire,

cabrero, monte, astro;
dale que dale largo.

Dale que dale, Dios.

¡ay!,

hasta la perfección.

EL SILBO DE LA LLAGA PERFECTA

Ábreme, amor, la puerta
de la llaga perfecta.

Abre, Amor mío, abre
la puerta de mi sangre.

Abre, para que salgan
todas las malas ansias.

Abre, para que huyan
las intenciones turbias.

Abre, para que sean
fuente puras mis venas,

mis manos cardos mondos,
pozos quietos mis ojos.

Abre, que viene el aire
de tu palabra... ¡abre!

Abre, Amor, que ya entra...
¡Ay!

Que no se salga... ¡Cierra!

SER ONDA, OFICIO, NIÑA, ES DE TU PELO

Ser onda, oficio, niña, es de tu pelo,
nacida ya para el marero oficio;
ser graciosa y morena tu ejercicio
y tu virtud más ejemplar ser cielo.

¡Niña!, cuando tu pelo va de vuelo,
dando del viento claro un negro indicio,
enmiendo de marfil y de artificio
ser de tu capilar borrasca anhelo.

No tienes más quehacer que ser hermosa,
ni tengo más festejo que mirarte,
alrededor girando de tu esfera.

Satélite de ti, no hago otra cosa,
si no es una labor de recordarte.
–¡Date presa de mi amor, mi carcelera!

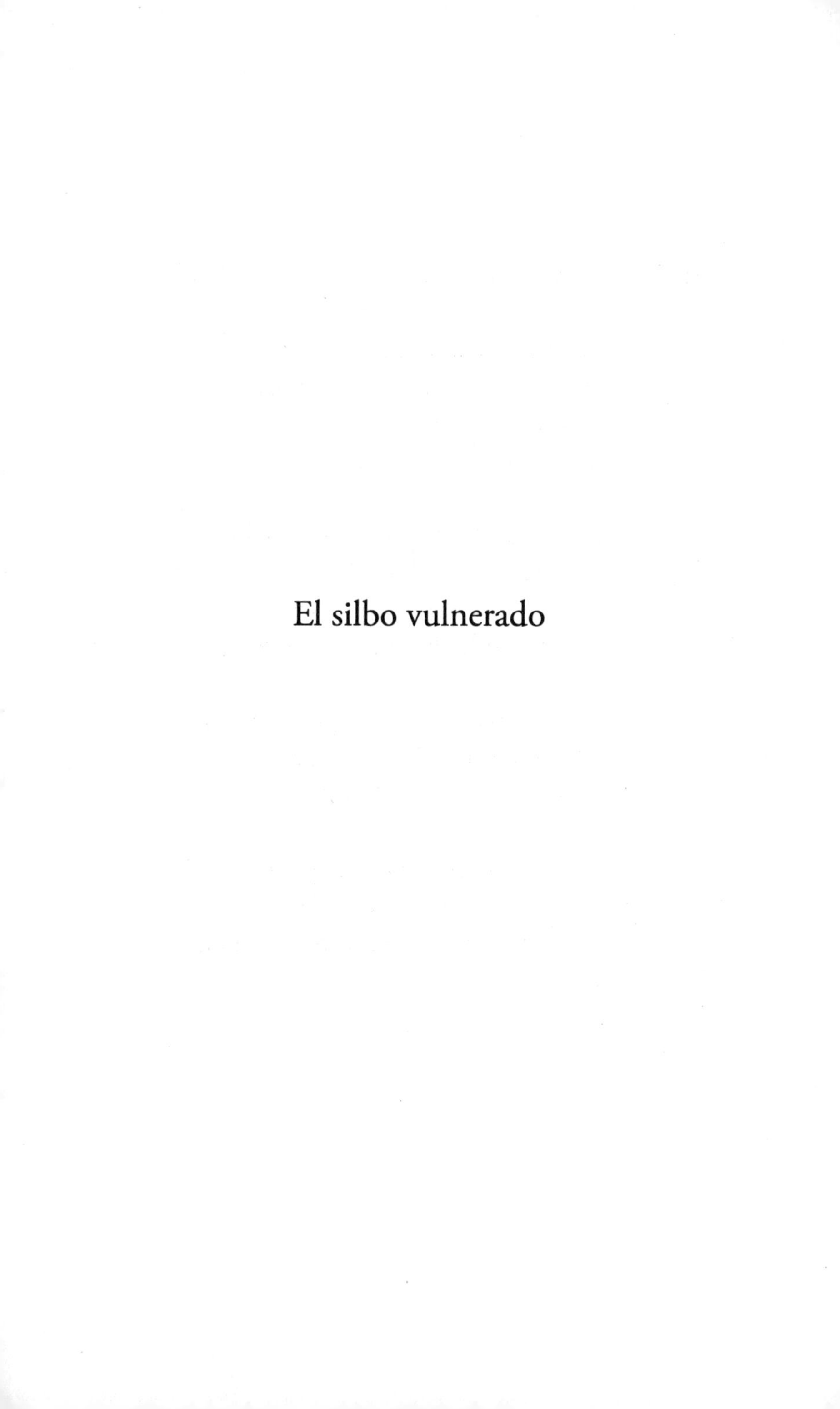

El silbo vulnerado

Gozar, y no morirse de contento,
sufrir, y no vencerse en el sollozo:
¡Oh, qué ejemplar severidad del gozo
y qué serenidad del sufrimiento!

Dar a la sombra el estremecimiento,
si a la luz el brocal del alborozo,
y llorar tierra adentro como el pozo,
siendo al aire un sencillo monumento.

Anda que te andarás, ir por la pena,
pena adelante, a penas y alegrías
sin demostrar fragilidad ni un tanto.

¡Oh la luz de mis ojos qué serena!:
¡qué agraciado en su centro encontrarías
el desgraciado alrededor del llanto!

La pena hace silbar, lo he comprobado,
cuando el que pena, pena malherido,
pena de desamparo desabrido,
pena de soledad de enamorado.

¿Qué ruy-señor amante no ha lanzado
pálido, fervoroso y afligido,
desde la ilustre soledad del nido
el amoroso silbo vulnerado?

¿Qué tórtola exquisita se resiste
ante el silencio crudo y favorable
a expresar su quebranto de viuda?

Silbo en mi soledad, pájaro triste,
con una devoción inagotable,
y me atiende la sierra siempre muda.

Como recojo en lo último del día,
a fuerza de honda, a fuerza de meneo,
en una piedra el sol que ya no veo,
porque ya está su flor en su agonía,

así recoge dentro el alma mía
por esta soledad de mi deseo
siempre en el pasto y nunca en el sesteo,
lo que le queda siempre a mi alegría:

una pena final como la tierra,
como la flor del haba blanquioscura,
como la ortiga hostil desazonada,

indomable y cruel como la sierra,
como el agua de invierno terca y pura,
recóndita y eterna como nada.

Imagen de tu huella

Mis ojos, sin tus ojos, no son ojos,
que son dos hormigueos solitarios,
y son mis manos sin las tuyas varios
intratables espinos a manojos.

No me encuentro los labios sin tus rojos,
que me llenan de dulces campanarios,
sin ti mis pensamientos son calvarios
criando cardos y agostando hinojos.

No sé qué es de mi oreja sin tu acento,
ni hacia qué polo yerro sin tu estrella,
y mi voz sin tu trato se afemina.

Los olores persigo de tu viento
y la olvidada imagen de tu huella,
que en ti principia, amor, y en mí termina.

Ya se desembaraza y se desmembra
el angélico lirio de la cumbre,
y al desembarazarse da un relumbre
que de un puro relámpago me siembra.

Es el tiempo del macho y de la hembra,
y una necesidad, no una costumbre,
besar, amar en medio de esta lumbre
que el destino decide de la siembra.

Toda la creación busca pareja:
se persiguen los picos y los huesos,
hacen la vida para todas las cosas.

En una soledad impar que aqueja,
yo entre esquilas sonantes como besos
y corderas atentas como esposas.

El rayo que no cesa (1934-1935)

Un carnívoro cuchillo
de ala dulce y homicida
sostiene un vuelo y un brillo
alrededor de mi vida.

Rayo de metal crispado
fulgentemente caído,
picotea mi costado
y hace en él un triste nido.

Mi sien, florido balcón
de mis edades tempranas,
negra está, y mi corazón,
y mi corazón con canas.

Tal es la mala virtud
del rayo que me rodea,
que voy a mi juventud
como la luna a mi aldea.

Recojo con las pestañas
sal del alma y sal del ojo
y flores de telarañas
de mis tristezas recojo.

¿A dónde iré que no vaya
mi perdición a buscar?
Tu destino es de la playa
y mi vocación del mar.

Descansar de esta labor
de huracán, amor o infierno
no es posible, y el dolor
me hará a mi pesar eterno.

Pero al fin podré vencerte,
ave y rayo secular,
corazón, que de la muerte
nadie ha de hacerme dudar.

Sigue, pues, sigue cuchillo,
volando, hiriendo. Algún día
se pondrá el tiempo amarillo
sobre mi fotografía.

¿No cesará este rayo que me habita
el corazón de exasperadas fieras
y de fraguas coléricas y herreras
donde el metal más fresco se marchita?

¿No cesará esta terca estalactita
de cultivar sus duras cabelleras
como espadas y rígidas hogueras
hacia mi corazón que muge y grita?

Este rayo ni cesa ni se agota:
de mí mismo tomó su procedencia
y ejercita en mí mismo sus furores.

Esta obstinada piedra de mí brota
y sobre mí dirige la insistencia
de sus lluviosos rayos destructores.

Me tiraste un limón, y tan amargo,
con una mano cálida y tan pura,
que no menoscabó su arquitectura
y probé su amargura, sin embargo.

Con el golpe amarillo, de un letargo
pasó a una desvelada calentura
mi sangre, que sintió la mordedura
de una punta de seno duro y largo.

Pero al mirarte y verte la sonrisa
que te produjo el limonado hecho,
a mi torpe malicia tan ajena,

se me durmió la sangre en la camisa,
y se volvió el poroso y áureo pecho
una picuda y deslumbrante pena.

Tu corazón, una naranja helada
con un dentro sin luz de dulce miera
y una porosa vista de oro: un fuera
venturas prometiendo a la mirada.

Mi corazón, una febril granada
de agrupado rubor y abierta cera,
que sus tiernos collares te ofreciera
con una obstinación enamorada.

¡Ay, qué acometimiento de quebranto
ir a tu corazón y hallar un hielo
de irreductible y pavorosa nieve!

Por los alrededores de mi llanto
un pañuelo sediento va de vuelo
con la esperanza de que en él lo abreve.

Por tu pie, la blancura más bailable,
donde cesa en diez partes tu hermosura,
una paloma sube a tu cintura,
baja a la tierra un nardo interminable.

Con tu pie vas poniendo lo admirable
del nácar en ridícula estrechura,
y donde va tu pie va la blancura,
perro sembrado de jazmín calzable.

A tu pie, tan espuma como playa,
arena y mar me arrimo y desarrimo
y al redil de su planta entrar procuro.

Entro y dejo que el alma se me vaya
por la voz amorosa del racimo:
pisa mi corazón que ya es maduro.

Te me mueres de casta y de sencilla:
estoy convicto, amor, estoy confeso
de que, raptor intrépido de un beso,
yo te libé la flor de la mejilla.

Yo te libé la flor de la mejilla,
y desde aquella gloria, aquel suceso,
tu mejilla, de escrúpulo y de peso,
se te cae deshojada y amarilla.

El fantasma del beso delincuente
el pómulo te tiene perseguido,
cada vez más potente, negro y grande.

Y sin dormir estás, celosamente,
vigilando mi boca ¡con qué cuido!
para que no se vicie y se desmande.

Una querencia tengo por tu acento,
una apetencia por tu compañía
y una dolencia de melancolía
por la ausencia del aire de tu viento.

Paciencia necesita mi tormento,
urgencia de tu garza galanía,
tu clemencia solar mi helado día,
tu asistencia la herida en que lo cuento.

¡Ay querencia, dolencia y apetencia!:
tus sustanciales besos, mi sustento,
me faltan y me muero sobre mayo.

Quiero que vengas, flor, desde tu ausencia,
a serenar la sien del pensamiento
que desahoga en mí su eterno rayo.

Me llamo barro aunque Miguel me llame.
Barro es mi profesión y mi destino
que mancha con su lengua cuanto lame.

Soy un triste instrumento del camino.
Soy una lengua dulcemente infame
a los pies que idolatro desplegada.

Como un nocturno buey de agua y barbecho
que quiere ser criatura idolatrada,
embisto a tus zapatos y a sus alrededores,
y hecho de alfombras y de besos hecho
tu talón que me injuria beso y siembro de flores.

Coloco relicarios de mi especie
a tu talón mordiente, a tu pisada,
y siempre a tu pisada me adelanto
para que tu impasible pie desprecie
todo el amor que hacia tu pie levanto.

Más mojado que el rostro de mi llanto,
cuando el vidrio lanar del hielo bala,
cuando el invierno tu ventana cierra
bajo a tus pies un gavilán de ala,
de ala manchada y corazón de tierra.

Bajo a tus pies un ramo derretido
de humilde miel pataleada y sola,
un despreciado corazón caído
en forma de alga y en figura de ola.

Barro en vano me invisto de amapola,
barro en vano vertiendo voy mis brazos,
barro en vano te muerdo los talones,
dándote a malheridos aletazos
sapos como convulsos corazones.

Apenas si me pisas, si me pones
la imagen de tu huella sobre encima,
se despedaza y rompe la armadura
de arrope bipartido que me ciñe la boca
en carne viva y pura,
pidiéndote a pedazos que la oprima
siempre tu pie de liebre libre y loca.

Su taciturna nata se arracima,
los sollozos agitan su arboleda
de lana cerebral bajo tu paso.
Y pasas, y se queda
incendiando su cera de invierno ante el ocaso,
mártir, alhaja y pasto de la rueda.

Harto de someterse a los puñales
circulantes del carro y la pezuña,
teme del barro un parto de animales
de corrosiva piel y vengativa uña.

Teme que el barro crezca en un momento,
teme que crezca y suba y cubra tierna,
tierna y celosamente
tu tobillo de junco, mi tormento,
teme que inunde el nardo de tu pierna
y crezca más y ascienda hasta tu frente.

Teme que se levante huracanado
del blando territorio del invierno
y estalle y truene y caiga diluviado
sobre tu sangre duramente tierno.

Teme un asalto de ofendida espuma
y teme un amoroso cataclismo.

Antes que la sequía lo consuma
el barro ha de volverte de lo mismo.

Al derramar tu voz su mansedumbre
de miel bocal, y al puro bamboleo,
en mis terrestres manos el deseo
sus rosas pone al fuego de costumbre.

Exasperado llego hasta la cumbre
de tu pecho de isla, y lo rodeo
de un ambicioso mar y un pataleo
de exasperados pétalos de lumbre.

Pero tú te defiendes con murallas
de mis alteraciones codiciosas
de sumergirte en tierras y océanos.

Por piedra pura, indiferente, callas:
callar de piedra, que otras y otras rosas
me pones y me pones en las manos.

ELEGÍA

(En Orihuela, su pueblo y el mío, se me ha muerto como del rayo Ramón Sijé, con quien tanto quería)

Yo quiero ser llorando el hortelano
de la tierra que ocupas y estercolas,
compañero del alma, tan temprano.

Alimentando lluvias, caracolas
y órganos mi dolor sin instrumento,
a las desalentadas amapolas

daré tu corazón por alimento.
Tanto dolor se agrupa en mi costado,
que por doler me duele hasta el aliento.

Un manotazo duro, un golpe helado,
un hachazo invisible y homicida,
un empujón brutal te ha derribado.

No hay extensión más grande que mi herida,
lloro mi desventura y sus conjuntos
y siento más tu muerte que mi vida.

Ando sobre rastrojos de difuntos,

y sin calor de nadie y sin consuelo
voy de mi corazón a mis asuntos.

Temprano levantó la muerte el vuelo,
temprano madrugó la madrugada,
temprano estás rodando por el suelo.

No perdono a la muerte enamorada,
no perdono a la vida desatenta,
no perdono a la tierra ni a la nada.

En mis manos levanto una tormenta
de piedras, rayos y hachas estridentes
sedienta de catástrofes y hambrienta.

Quiero escarbar la tierra con los dientes,
quiero apartar la tierra parte a parte
a dentelladas secas y calientes.

Quiero minar la tierra hasta encontrarte
y besarte la noble calavera
y desamordazarte y regresarte.

Volverás a mi huerto y a mi higuera:
por los altos andamios de las flores
pajareará tu alma colmenera

de angelicales ceras y labores.
Volverás al arrullo de las rejas
de los enamorados labradores.

Alegrarás la sombra de mis cejas,
y tu sangre se irán a cada lado
disputando tu novia y las abejas.

Tu corazón, ya terciopelo ajado,
llama a un campo de almendras espumosas
mi avariciosa voz de enamorado.

A las aladas almas de las rosas
del almendro de nata te requiero,
que tenemos que hablar de muchas cosas,
compañero del alma, compañero.

10 de enero de 1936

Poemas sueltos III

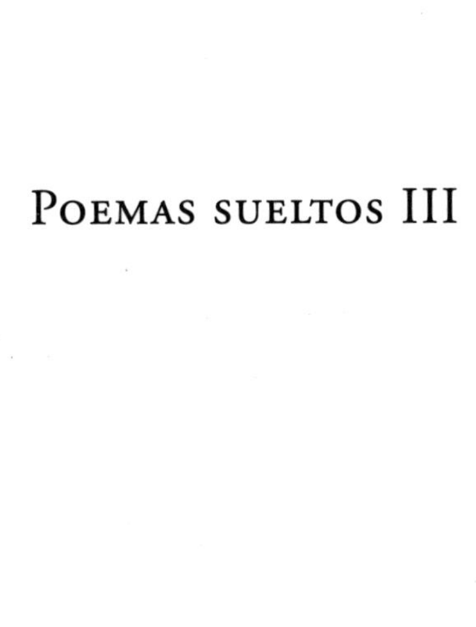

SONREÍDME

Vengo muy satisfecho de librarme
de la serpiente de las múltiples cúpulas,
la serpiente escamada de casullas y cálices:
su cola puso acíbar en mi boca, sus anillos verdugos
reprimieron y malaventuraron la nudosa sangre de mi
[corazón.
Vengo muy dolorido de aquel infierno de incensarios
[locos,
de aquella boba gloria: sonreídme.

Sonreídme, que voy
a donde estáis vosotros los de siempre,
los que cubrís de espigas y racimos la boca del que nos
[escupe,
los que conmigo en surcos, andamios, fraguas, hornos,
os arrancáis la corona del sudor a diario.

Me libré de los templos: sonreídme,
donde me consumía con tristeza de lámpara
encerrado en el poco aire de los sagrarios.
Salté al monte de donde procedo,
a las viñas donde halla tanta hermana mi sangre,
a vuestra compañía de relativo barro.

Agrupo mi hambre, mis penas y estas cicatrices
que llevo de tratar piedras y hachas
a vuestras hambres, vuestras penas y vuestra herrada carne,
porque para calmar nuestra desesperación de toros
[castigados
habremos de agruparnos oceánicamente.

Nubes tempestuosas de herramientas
para un cielo de manos vengativas
nos es preciso. Ya relampaguean
las hachas y las hoces con su metal crispado,
ya truenan los martillos y los mazos
sobre los pensamientos de los que nos han hecho
burros de carga y bueyes de labor.
Salta el capitalista de su cochino lujo,
huyen los arzobispos de sus mitras obscenas,
los notarios y los registradores de la propiedad
caen aplastados bajo furiosos protocolos,
los curas se deciden a ser hombres
y abierta ya la jaula donde actúa de león
queda el oro en la más espantosa miseria.

En vuestros puños quiero ver rayos contrayéndose,
quiero ver a la cólera tirándoos de las cejas,
la cólera me nubla todas las cosas dentro del corazón
sintiendo el martillazo del hambre en el ombligo,
viendo a mi hermana helarse mientras lava la ropa,
viendo a mi madre siempre en ayuno forzoso,
viéndoos en este estado capaz de impacientar
a los mismos corderos que jamás se impacientan.

Habrá que ver la tierra estercolada
con las injustas sangres,
habrá que ver la media vuelta fiera de la hoz ajustándose
[a las nucas,
habrá que verlo todo noblemente impasibles,
habrá que hacerlo todo sufriendo un poco menos de lo
[que ahora
sufrimos bajo el hambre,
que nos hace alargar las inocentes manos animales
hacia el robo y el crimen salvadores.

ME SOBRA EL CORAZÓN

Hoy estoy sin saber yo no sé cómo,
hoy estoy para penas solamente,
hoy no tengo amistad,
hoy solo tengo ansias
de arrancarme de cuajo el corazón
y ponerlo debajo de un zapato.

Hoy reverdece aquella espina seca,
hoy es día de llantos de mi reino,
hoy descarga en mi pecho el desaliento
plomo desalentado.

No puedo con mi estrella.
Y me busco la muerte por las manos
mirando con cariño las navajas,
y recuerdo aquel hacha compañera,
y pienso en los más altos campanarios
para un salto mortal serenamente.

Si no fuera ¿por qué?... no sé por qué,
mi corazón escribiría una postrera carta,
una carta que llevo allí metida,
haría un tintero de mi corazón,
una fuente de sílabas, de adioses y relatos,
y ahí le quedas, al mundo le diría.

Yo nací en mala luna.
Tengo la pena de una sola pena
que vale más que toda la alegría.

Un amor me ha dejado con los brazos caídos
y no puedo tenderlos hacia más.
¿No veis mi boca qué desengañada,
qué inconformes mis ojos?
Cuanto más me contemplo más me aflijo:
cortar este dolor ¿con qué tijeras?

Ayer, mañana, hoy
padeciendo por todo
mi corazón, pecera melancólica,
penal de ruiseñores moribundos.

Me sobra corazón.

Hoy descorazonarme.
yo el más corazonado de los hombres,
y por el más. también el más amargo.

No sé por qué, no sé por qué ni cómo
me perdono la vida cada día.

MI SANGRE ES UN CAMINO

Me empuja a martillazos y a mordiscos,
me tira con bramidos y cordeles
del corazón, del pie, de los orígenes,
me clava en la garganta garfios dulces,
erizo entre mis dedos y mis ojos,
enloquece mis uñas y mis párpados,
rodea mis palabras y mi alcoba
de hornos y herrerías,
la dirección altera de mi lengua,
y sembrando de cera su camino
hace que caiga torpe y derretida.

Mujer, mira una sangre,
mira una blusa de azafrán en celo,
mira un capote líquido ciñéndose a mis huesos
como descomunales serpientes que me oprimen
acarreando angustia por mis venas.

Mira una fuente alzada de amorosos collares
y cencerros de voz atribulada
temblando de impaciencia por ocupar tu cuello,
un dictamen feroz, una sentencia,
una exigencia, una dolencia, un río
que por manifestarse se da contra las piedras,

y penden para siempre de mis
relicarios de carne desgarrada.

Mírala con sus chivos y sus toros suicidas
corneando cabestros y montañas,
rompiéndose los cuernos a topazos,
mordiéndose de rabia las orejas,
buscándose la muerte de la frente a la cola.

Manejando mi sangre enarbolando
revoluciones de carbón y yodo
agrupado hasta hacerse corazón,
herramientas de muerte, rayos, hachas,
y barrancos de espuma sin apoyo,
ando pidiendo un cuerpo que manchar.

Hazte cargo, hazte cargo
de una ganadería de alacranes
tan rencorosamente enamorados,
de un castigo infinito que me parió y me agobia
como un jornal cobrado en triste plomo.

La puerta de mi sangre está en la esquina
del hacha y de la piedra,
pero en ti está la entrada irremediable.
Necesito extender este imperioso reino,
prolongar a mis padres hasta la eternidad,
y tiendo hacia ti un puente de arqueados corazones
que ya se corrompieron y que aún laten.

No me pongas obstáculos que tengo que salvar,
no me siembres de cárceles,
no bastan cerraduras ni cementos,
no, a encadenar mi sangre de alquitrán inflamado
capaz de despertar calentura en la nieve.

¡Ay qué ganas de amarte contra un árbol,
ay qué afán de trillarte en una era,
ay qué dolor de verte por la espalda
y no verte la espalda contra el mundo!

Mi sangre es un camino ante el crepúsculo
de apasionado barro y charcos vaporosos
que tiene que acabar en tus entrañas,
un depósito mágico de anillos
que ajustar a tu sangre,
un sembrado de lunas eclipsadas
que han de aumentar sus calabazas íntimas,
ahogadas en un vino con canas en los labios,
al pie de tu cintura al fin sonora.

Guárdame de sus sombras que graznan fatalmente
girando en torno mío a picotazos,
girasoles de cuervos borrascosos.
No me consientas ir de sangre en sangre
como una bala loca,
no me dejes tronar solo y tendido.

Pólvora venenosa propagada,
ornado por los ojos de tristes pirotecnias,

panal horriblemente acribillado
con un mínimo rayo doliendo en cada poro,
gremio fosforescente de acechantes tarántulas
no me consientas ser. Atiende, atiende
a mi desesperado sonreír,
donde muerdo la hiel por sus raíces
por las lluviosas penas recorrido.
Recibe esta fortuna sedienta de tu boca
que para ti heredé de tanto padre.

SINO SANGRIENTO

De sangre en sangre vengo
como el mar de ola en ola,
de color de amapola el alma tengo,
de amapola sin suerte es mi destino,
y llego de amapola en amapola
a dar en la cornada de mi sino.

Criatura hubo que vino
desde la sementera de la nada,
y vino más de una,
bajo el designio de una estrella airada
y en una turbulenta y mala luna.

Cayó una pincelada
de ensangrentado pie sobre mi vida,
cayó un planeta de azafrán en celo,
cayó una nube roja enfurecida,
cayó un mar malherido, cayó un cielo.

Vine con un dolor de cuchillada,
me esperaba un cuchillo a mi venida,
me dieron a mamar leche de tuera,
zumo de espada loca y homicida,
y al sol el ojo abrí por vez primera

y lo que vi primero era una herida
y una desgracia era.

Me persigue la sangre, ávida fiera,
desde que fui fundado,
y aun antes de que fuera
proferido, empujado
por mi madre a esta tierra codiciosa,
que de los pies me tira y del costado,
y cada vez más fuerte, hacia la fosa.

Lucho contra la sangre, me debato
contra tanto zarpazo y tanta vena,
y cada cuerpo que tropiezo y trato
es otro borbotón de sangre, otra cadena.

Aunque leves, los dardos de la avena
aumentan las insignias de mi pecho:
en él se dio el amor a la labranza,
y mi alma de barbecho
hondamente ha surcado
de heridas sin remedio ni esperanza
por las ansias de muerte de su arado.

Todas las herramientas en mi acecho:
el hacha me ha dejado
recónditas señales,
las piedras, los deseos y los días
cavaron en mi cuerpo manantiales
que solo se tragaron las arenas
y las melancolías.

Son cada vez más grandes las cadenas,
son cada vez más grandes las serpientes,
más grande y más cruel su poderío,
más grandes sus anillos envolventes,
más grande el corazón, más grande el mío.

En su alcoba poblada de vacío,
donde solo concurren las visitas,
el picotazo y el color de un cuervo,
un manojo de cartas y pasiones escritas,
un puñado de sangre y una muerte conservo.

¡Ay sangre fulminante,
ay trepadora púrpura rugiente,
sentencia a todas horas resonante
bajo el yunque sufrido de mi frente!

La sangre me ha parido y me ha hecho preso,
la sangre me reduce y me agiganta,
un edificio soy de sangre y yeso
que se derriba él mismo y se levanta
sobre andamios de hueso.

Un albañil de sangre, muerto y rojo,
llueve y cuelga su blusa cada día
en los alrededores de mi ojo,
y cada noche con el alma mía,
y hasta con las pestañas lo recojo.

Crece la sangre, agranda
la expansión de sus frondas en mi pecho,
que álamo desbordante se desmanda
y en varios torvos ríos cae deshecho.

Me veo de repente
envuelto en sus coléricos raudales,
y nado contra todos desesperadamente
como contra un fatal torrente de puñales.

Me arrastra encarnizada su corriente,
me despedaza, me hunde, me atropella,
quiero apartarme de ella a manotazos,
y se me van los brazos detrás de ella,
y se me van las ansias en los brazos.

Me dejaré arrastrar hecho pedazos,
ya que así se lo ordenan a mi vida
la sangre y su marea,
los cuerpos y mi estrella ensangrentada.
Seré una sola y dilatada herida,
hasta que dilatadamente sea
un cadáver de espuma: viento y nada.

Viento del pueblo (1936-37)

ELEGÍA PRIMERA

A Federico García Lorca, poeta

Atraviesa la muerte con herrumbrosas lanzas
y en traje de cañón, las parameras
donde cultiva el hombre raíces y esperanzas,
y llueve sal, y esparce calaveras.

Verdura de las eras,
¿qué tiempo prevalece la alegría?
El sol pudre la sangre, la cubre de asechanzas
y hace brotar la sombra más sombría.

El dolor y su manto
vienen una vez más a nuestro encuentro.
Y una vez más al callejón del llanto
lluviosamente entro.

Siempre me veo dentro
de esta sombra de acíbar revocada,
amasado con ojos y bordones,
que un candil de agonía tiene puesto a la entrada
y un rabioso collar de corazones.

Llorar dentro de un pozo,
en la misma raíz desconsolada
del agua, del sollozo,
del corazón quisiera:
donde nadie me viera la voz ni la mirada,
ni restos de mis lágrimas me viera.

Entro despacio, se me cae la frente
despacio, el corazón se me desgarra
despacio, y despaciosa y negramente
vuelvo a llorar al pie de una guitarra.

Entre todos los muertos de elegía,
sin olvidar el eco de ninguno,
por haber resonado más en el alma mía,
la mano de mi llanto escoge uno.

Federico García
hasta ayer se llamó: polvo se llama.
Ayer tuvo un espacio bajo el día
que hoy el hoyo le da bajo la grama.

¡Tanto fue! ¡Tanto fuiste y ya no eres!
Tu agitada alegría,
que agitaba columnas y alfileres,
de tus dientes arrancas y sacudes,
y ya te pones triste, y solo quieres
ya el paraíso de los ataúdes.

Vestido de esqueleto,
durmiéndote de plomo,
de indiferencia armado y de respeto,
te veo entre tus cejas si me asomo.

Se ha llevado tu vida de palomo,
que ceñía de espuma
y de arrullos el cielo y las ventanas,
como un raudal de pluma
el viento que se lleva las semanas.

Primo de las manzanas,
no podrá con tu savia la carcoma,
no podrá con tu muerte la lengua del gusano,
y para dar salud fiera a su poma
elegirá tus huesos el manzano.

Cegado el manantial de tu saliva,
hijo de la paloma,
nieto del ruiseñor y de la oliva:
serás, mientras la tierra vaya y vuelva,
esposo siempre de la siempreviva,
estiércol padre de la madreselva.

¡Qué sencilla es la muerte: qué sencilla,
pero qué injustamente arrebatada!
No sabe andar despacio, y acuchilla
cuando menos se espera su turbia cuchillada.

Tú, el más firme edificio, destruido,
tú, el gavilán más alto, desplomado,
tú, el más grande rugido,
callado, y más callado, y más callado.

Caiga tu alegre sangre de granado,
como un derrumbamiento de martillos feroces,
sobre quien te detuvo mortalmente.
Salivazos y hoces
caigan sobre la mancha de su frente.

Muere un poeta y la creación se siente
herida y moribunda en las entrañas.
Un cósmico temblor de escalofríos
mueve temiblemente las montañas,
un resplandor de muerte la matriz de los ríos.

Oigo pueblos de ayes y valles de lamentos,
veo un bosque de ojos nunca enjutos,
avenidas de lágrimas y mantos:
y en torbellino de hojas y de vientos,
lutos tras otros lutos y otros lutos,
llantos tras otros llantos y otros llantos.

No aventarán, no arrastrarán tus huesos,
volcán de arrope, trueno de panales,
poeta entretejido, dulce, amargo,
que al calor de los besos
sentiste, entre dos largas hileras de puñales,
largo amor, muerte larga, fuego largo.

Por hacer a tu muerte compañía,
vienen poblando todos los rincones
del cielo y de la tierra bandadas de armonía,
relámpagos de azules vibraciones.
Crótalos granizados a montones,
batallones de flautas, panderos y gitanos,
ráfagas de abejorros y violines,
tormentas de guitarras y pianos,
irrupciones de trompas y clarines.

Pero el silencio puede más que tanto instrumento.

Silencioso, desierto, polvoriento
en la muerte desierta,
parece que tu lengua, que tu aliento,
los ha cerrado el golpe de una puerta.

Como si paseara con tu sombra,
paseo con la mía
por una tierra que el silencio alfombra,
que el ciprés apetece más sombría.

Rodea mi garganta tu agonía
como un hierro de horca
y pruebo una bebida funeraria.
Tú sabes, Federico García Lorca,
que soy de los que gozan una muerte diaria.

VIENTOS DEL PUEBLO

Vientos del pueblo me llevan,
vientos del pueblo me arrastran,
me esparcen el corazón
y me aventan la garganta.
Los bueyes doblan la frente,
impotentemente mansa,
delante de los castigos:
los leones la levantan
y al mismo tiempo castigan
con su clamorosa zarpa.

No soy de un pueblo de bueyes,
que soy de un pueblo que embargan
yacimientos de leones,
desfiladeros de águilas
y cordilleras de toros
con el orgullo en el asta.
Nunca medraron los bueyes
en los páramos de España.
¿Quién habló de echar un yugo
sobre el cuello de esta raza?
¿Quién ha puesto al huracán
jamás ni yugos ni trabas,
ni quién al rayo detuvo
prisionero en una jaula?

Asturianos de braveza,
vascos de piedra blindada,
valencianos de alegría
y castellanos de alma,
labrados como la tierra
y airosos como las alas;
andaluces de relámpagos,
nacidos entre guitarras
y forjados en los yunques
torrenciales de las lágrimas;
extremeños de centeno,
gallegos de lluvia y calma,
catalanes de firmeza,
aragoneses de casta,
murcianos de dinamita
frutalmente propagada,
leoneses, navarros, dueños
del hambre, el sudor y el hacha,
reyes de la minería,
señores de la labranza,
hombres que entre las raíces,
como raíces gallardas,
vais de la vida a la muerte,
vais de la nada a la nada:
yugos os quieren poner
gentes de la hierba mala,
yugos que habéis de dejar
rotos sobre sus espaldas.

Crepúsculo de los bueyes
está despuntando el alba.
Los bueyes mueren vestidos
de humildad y olor de cuadra;
las águilas, los leones
y los toros de arrogancia,
y detrás de ellos, el cielo
ni se enturbia ni se acaba.
La agonía de los bueyes
tiene pequeña la cara,
la del animal varón
toda la creación agranda.

Si me muero, que me muera
con la cabeza muy alta.
Muerto y veinte veces muerto,
la boca contra la grama,
tendré apretados los dientes
y decidida la barba.
Cantando espero a la muerte,
que hay ruiseñores que cantan
encima de los fusiles
y en medio de las batallas.

EL NIÑO YUNTERO

Carne de yugo, ha nacido
más humillado que bello,
con el cuello perseguido
por el yugo para el cuello.

Nace, como la herramienta,
a los golpes destinado,
de una tierra descontenta
y un insatisfecho arado.

Entre estiércol puro y vivo
de vacas, trae a la vida
un alma color de olivo
vieja ya y encallecida.

Empieza a vivir, y empieza
a morir de punta a punta
levantando la corteza
de su madre con la yunta.

Empieza a sentir, y siente
la vida como una guerra,
y a dar fatigosamente
en los huesos de la tierra.

Contar sus años no sabe,
y ya sabe que el sudor
es una corona grave
de sal para el labrador.

Trabaja, y mientras trabaja
masculinamente serio,
se unge de lluvia y se alhaja
de carne de cementerio.

A fuerza de golpes, fuerte,
y a fuerza de sol, bruñido,
con una ambición de muerte
despedaza un pan reñido.

Cada nuevo día es
más raíz, menos criatura,
que escucha bajo sus pies
la voz de la sepultura.

Y como raíz se hunde
en la tierra lentamente
para que la tierra inunde
de paz y panes su frente.

Me duele este niño hambriento
como una grandiosa espina,
y su vivir ceniciento
revuelve mi alma de encina.

Lo veo arar los rastrojos,
y devorar un mendrugo,
y declarar con los ojos
que por qué es carne de yugo.

Me da su arado en el pecho,
y su vida en la garganta,
y sufro viendo el barbecho
tan grande bajo su planta.

¿Quién salvará este chiquillo
menor que un grano de avena?
¿De dónde saldrá el martillo
verdugo de esta cadena?

Que salga del corazón
de los hombres jornaleros,
que antes de ser hombres son
y han sido niños yunteros.

ELEGÍA SEGUNDA

A Pablo de la Torriente,
comisario político

«Me quedaré en España, compañero»,
me dijiste con gesto enamorado.
Y al fin sin tu edificio trotante de guerrero
en la hierba de España te has quedado.

Nadie llora a tu lado:
desde el soldado al duro comandante,
todos te ven, te cercan y te atienden
con ojos de granito amenazante,
con cejas incendiadas que todo el cielo encienden.

Valentín el volcán, que si llora algún día
será con unas lágrimas de hierro,
se viste emocionado de alegría
para robustecer el río de tu entierro.

Como el yunque que pierde su martillo,
Manuel Moral se calla
colérico y sencillo.

Y hay muchos capitanes y muchos comisarios
quitándote pedazos de metralla,
poniéndote trofeos funerarios.

Ya no hablarás de vivos y de muertos,
ya disfrutas la muerte del héroe, ya la vida
no te verá en las calles ni en los puertos
pasar como una ráfaga garrida.

Pablo de la Torriente,
has quedado en España
y en mi alma caído:
nunca se pondrá el sol sobre tu frente,
heredará tu altura la montaña
y tu valor el toro del bramido.

De una forma vestida de preclara
has perdido las plumas y los besos,
con el sol español puesto en la cara
y el de Cuba en los huesos.

Pasad ante el cubano generoso,
hombres de su Brigada,
con el fusil furioso,
las botas iracundas y la mano crispada.

Miradlo sonriendo a los terrones
y exigiendo venganza bajo sus dientes mudos
a nuestros más floridos batallones
y a sus varones como rayos rudos.

Ante Pablo los días se abstienen ya y no andan.
No temáis que se extinga su sangre sin objeto,
porque este es de los muertos que crecen y se agrandan
aunque el tiempo devaste su gigante esqueleto.

ROSARIO, DINAMITERA

Rosario, dinamitera,
sobre tu mano bonita
celaba la dinamita
sus atributos de fiera.
Nadie al mirarla creyera
que había en su corazón
una desesperación
de cristales, de metralla
ansiosa de una batalla,
sedienta de una explosión.

Era tu mano derecha,
capaz de fundir leones,
la flor de las municiones
y el anhelo de la mecha.
Rosario, buena cosecha,
alta como un campanario,
sembrabas al adversario
de dinamita furiosa
y era tu mano una rosa
enfurecida, Rosario.

Buitrago ha sido testigo
de la condición de rayo

de las hazañas que callo
y de la mano que digo.
¡Bien conoció el enemigo
la mano de esta doncella,
que hoy no es mano porque de ella,
que ni un solo dedo agita,
se prendó la dinamita
y la convirtió en estrella!

Rosario, dinamitera,
puedes ser varón y eres
la nata de las mujeres,
la espuma de la trinchera.
Digna como una bandera
de triunfos y resplandores,
dinamiteros pastores,
vedla agitando su aliento
y dad las bombas al viento
del alma de los traidores.

ACEITUNEROS

Andaluces de Jaén,
aceituneros altivos,
decidme en el alma: ¿quién,
quién levantó los olivos?

No los levantó la nada,
ni el dinero, ni el señor,
sino la tierra callada,
el trabajo y el sudor.

Unidos al agua pura
y a los planetas unidos,
los tres dieron la hermosura
de los troncos retorcidos.

Levántate, olivo cano,
dijeron al pie del viento.
Y el olivo alzó una mano
poderosa de cimiento.

Andaluces de Jaén,
aceituneros altivos,
decidme en el alma: ¿quién
amamantó los olivos?

Vuestra sangre, vuestra vida,
no la del explotador
que se enriqueció en la herida
generosa del sudor.

No la del terrateniente
que os sepultó en la pobreza,
que os pisoteó la frente,
que os redujo la cabeza.

Árboles que vuestro afán
consagró al centro del día
eran principio de un pan
que solo el otro comía.

¡Cuántos siglos de aceituna,
los pies y las manos presos,
sol a sol y luna a luna,
pesan sobre vuestros huesos!

Andaluces de Jaén,
aceituneros altivos,
pregunta mi alma: ¿de quién,
de quién son estos olivos?

Jaén, levántate brava
sobre tus piedras lunares,
no vayas a ser esclava
con todos tus olivares.

Dentro de la claridad
del aceite y sus aromas,
indican tu libertad
la libertad de tus lomas.

EL SUDOR

En el mar halla el agua su paraíso ansiado
y el sudor su horizonte, su fragor, su plumaje.
El sudor es un árbol desbordante y salado,
un voraz oleaje.

Llega desde la edad del mundo más remota
a ofrecer a la tierra su copa sacudida,
a sustentar la sed y la sal gota a gota,
a iluminar la vida.

Hijo del movimiento, primo del sol, hermano
de la lágrima, deja rodando por las eras,
del abril al octubre, del invierno al verano,
áureas enredaderas.

Cuando los campesinos van por la madrugada
a favor de la esteva removiendo el reposo,
se visten una blusa silenciosa y dorada
de sudor silencioso.

Vestidura de oro de los trabajadores,
adorno de las manos como de las pupilas.
Por la atmósfera esparce sus fecundos olores
una lluvia de axilas.

El sabor de la tierra se enriquece y madura:
caen los copos del llanto laborioso y oliente,
maná de los varones y de la agricultura,
bebida de mi frente.

Los que no habéis sudado jamás, los que andáis yertos
en el ocio sin brazos, sin música, sin poros,
no usaréis la corona de los poros abiertos
ni el poder de los toros.

Viviréis maloliendo, moriréis apagados:
la encendida hermosura reside en los talones
de los cuerpos que mueven sus miembros trabajados
como constelaciones.

Entregad al trabajo, compañeros, las frentes:
que el sudor, con su espada de sabrosos cristales,
con sus lentos diluvios, os hará transparentes,
venturosos, iguales.

CANCIÓN DEL ESPOSO SOLDADO

He poblado tu vientre de amor y sementera,
he prolongado el eco de sangre a que respondo
y espero sobre el surco como el arado espera:
he llegado hasta el fondo.

Morena de altas torres, alta luz y ojos altos,
esposa de mi piel, gran trago de mi vida,
tus pechos locos crecen hacia mi dando saltos
de cierva concebida.

Ya me parece que eres un cristal delicado,
temo que te me rompas al más leve tropiezo,
y a reforzar tus venas con mi piel de soldado
fuera como el cerezo.

Espejo de mi carne, sustento de mis alas,
te doy vida en la muerte que me dan y no tomo.
Mujer, mujer, te quiero cercado por las balas,
ansiado por el plomo.

Sobre los ataúdes feroces en acecho,
sobre los mismos muertos sin remedio y sin fosa
te quiero, y te quisiera besar con todo el pecho
hasta en el polvo, esposa.

Cuando junto a los campos de combate te piensa
mi frente que no enfría ni aplaca tu figura,
te acercas hacia mi como una boca inmensa
de hambrienta dentadura.

Escríbeme a la lucha siénteme en la trinchera:
aquí con el fusil tu nombre evoco y fijo.
y defiendo tu vientre de pobre que me espera,
y defiendo tu hijo.

Nacerá nuestro hijo con el puño cerrado,
envuelto en un clamor de victoria y guitarras,
y dejaré a tu puerta mi vida de soldado
sin colmillos ni garras.

Es preciso matar para seguir viviendo.
Un día iré a la sombra de tu pelo lejano,
y dormiré en la sábana de almidón y de estruendo
cosida por tu mano.

Tus piernas implacables al parto van derechas,
y tu implacable boca de labios indomables,
y ante mi soledad de explosiones y brechas,
recorres un camino de besos implacables.

Para el hijo será la paz que estoy forjando.
Y al fin en un océano de irremediables huesos
tu corazón y el mío naufragarán, quedando
una mujer y un hombre gastados por los besos.

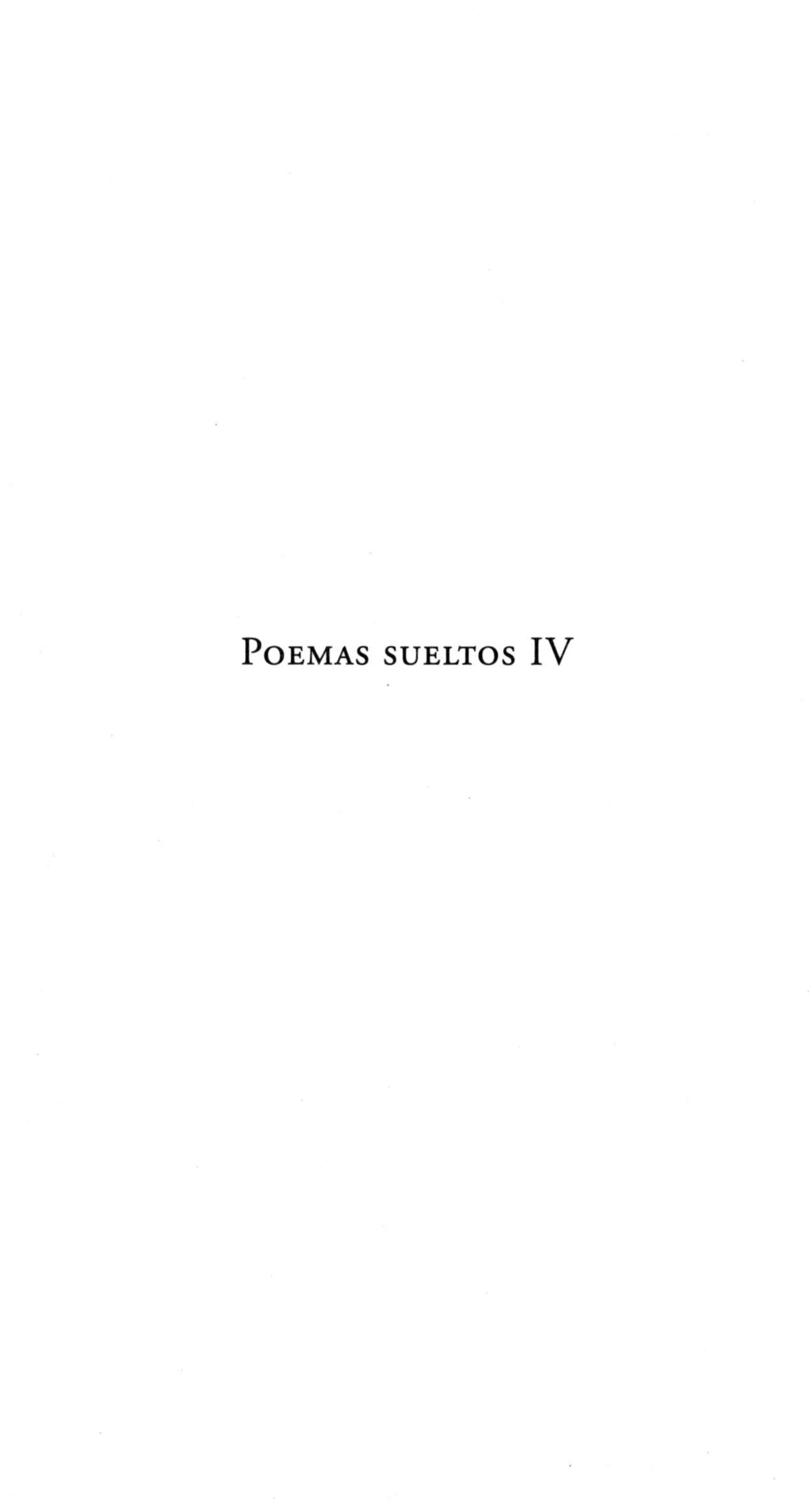

Poemas sueltos IV

LAS ABARCAS DESIERTAS

Por el cinco de enero,
cada enero ponía
mi calzado cabrero
a la ventana fría.

Y encontraban los días,
que derriban las puertas,
mis abarcas vacías,
mis abarcas desiertas.

Nunca tuve zapatos,
ni trajes, ni palabras:
siempre tuve regatos,
siempre penas y cabras.

Me vistió la pobreza,
me lamió el cuerpo el río,
y del pie a la cabeza
pasto fui del rocío.

Por el cinco de enero,
para el seis, yo quería
que fuera el mundo entero
una juguetería.

Y al andar la alborada
removiendo las huertas,
mis abarcas sin nada,
mis abarcas desiertas.

Ningún rey coronado
tuvo pie, tuvo gana
para ver el calzado
de mi pobre ventana.

Toda gente de trono,
toda gente de botas
se rió con encono
de mis abarcas rotas.

Rabié de llanto, hasta
cubrir de sal mi piel,
por un mundo de pasta
y unos hombres de miel.

Por el cinco de enero,
de la majada mía
mi calzado cabrero
a la escarcha salía.

Y hacia el seis, mis miradas
hallaban en sus puertas
mis abarcas heladas,
mis abarcas desiertas.

LA GUERRA, MADRE

La guerra, madre: la guerra.
Mi casa sola y sin nadie.
Mi almohada sin aliento.
La guerra, madre: la guerra.
Mi almohada sin aliento.
La guerra, madre: la guerra.

La vida, madre: la vida,
La vida para matarse.
Mi corazón sin compaña.
La guerra, madre: la guerra.
Mi corazón sin compaña.
La guerra, madre: la guerra.

¿Quién mueve sus hondos pasos
en mi alma y en mi calle?
Cartas moribundas, muertas.
La guerra, madre: la guerra.
Cartas moribundas, muertas.
La guerra, madre: la guerra.

El hombre acecha (1937-1939)

CANCIÓN PRIMERA

Se ha retirado el campo
al ver abalanzarse
crispadamente al hombre.

¡Qué abismo entre el olivo
y el hombre se descubre!

El animal que canta:
el animal que puede
llorar y echar raíces,
rememoró sus garras.

Garras que revestía
de suavidad y flores,
pero que, al fin, desnuda
en toda su crueldad.

Crepitan en mis manos.
Aparta de ellas, hijo.
Estoy dispuesto a hundirlas,
dispuesto a proyectarlas
sobre tu carne leve.

He regresado al tigre.
Aparta, o te destrozo.

Hoy el amor es muerte,
y el hombre acecha al hombre.

EL SOLDADO Y LA NIEVE

Diciembre ha congelado su aliento de dos filos,
y lo resopla desde los cielos congelados,
como una llama seca desarrollada en hilos,
como una larga ruina que ataca a los soldados.

Nieve donde el caballo que impone sus pisadas
es una soledad de galopante luto.
Nieve de uñas cernidas, de garras derribadas,
de celeste maldad, de desprecio absoluto.

Muerde, tala, traspasa como un tremendo hachazo,
con un hacha de mármol encarnizado y leve.
Desciende, se derrama como un deshecho abrazo
de precipicios y alas, de soledad y nieve.

Esta agresión que parte del centro del invierno,
hambre cruda, cansada de tener hambre y frío,
amenaza al desnudo con un rencor eterno,
blanco, mortal, hambriento, silencioso, sombrío.

Quiere aplacar las fraguas, los odios, las hogueras,
quiere cegar los mares, sepultar los amores:
y se va elevando lentas y diáfanas barreras,
estatuas silenciosas y vidrios agresores.

Que se derrame a chorros el corazón de lana
de tantos almacenes y talleres textiles,
para cubrir los cuerpos que queman la mañana
con la voz, la mirada, los pies y los fusiles.

Ropa para los cuerpos que pueden ir desnudos,
que pueden ir vestidos de escarchas y de hielos:
de piedra enjuta contra los picotazos rudos,
las mordeduras pálidas y los pálidos vuelos.

Ropa para los cuerpos que rechazan callados
los ataques más blancos con los huesos más rojos.
Porque tienen el hueso solar estos soldados,
y porque son hogueras con pisadas, con ojos.

La frialdad se abalanza, la muerte se deshoja,
el clamor que no suena, pero que escucho, llueve.
Sobre la nieve blanca, la vida roja y roja
hace la nieve cálida, siembra fuego en la nieve.

Tan decididamente son el cristal de roca
que solo el fuego, solo la llama cristaliza,
que atacan con el pómulo nevado, con la boca,
y vuelven cuanto atacan recuerdos de ceniza.

EL HAMBRE

I

Tened presente el hambre: recordad su pasado
turbio de capataces que pagaban en plomo.
Aquel jornal al precio de la sangre cobrado,
con yugos en el alma, con golpes en el lomo.

El hambre paseaba sus vacas exprimidas,
sus mujeres resecas, sus devoradas ubres,
sus ávidas quijadas, sus miserables vidas
frente a los comedores y los cuerpos salubres.

Los años de abundancia, la saciedad, la hartura
eran solo de aquellos que se llamaban amos.
Para que venga el pan justo a la dentadura
del hambre de los pobres aquí estoy, aquí estamos.

Nosotros no podemos ser ellos, los de enfrente,
los que entienden la vida por un botín sangriento:
como los tiburones, voracidad y diente,
panteras deseosas de un mundo siempre hambriento.

Años del hambre han sido para el pobre sus años.
Sumaban para el otro su cantidad los panes.

Y el hambre alobadaba sus rapaces rebaños
de cuervos, de tenazas, de lobos, de alacranes.

Hambrientamente lucho yo, con todas mis brechas,
cicatrices y heridas, señales y recuerdos
del hambre, contra tantas barrigas satisfechas:
cerdos con un origen peor que el de los cerdos.

Por haber engordado tan baja y brutalmente,
más abajo de donde los cerdos se solazan,
seréis atravesados por esta gran corriente
de espigas que llamean, de puños que amenazan.

No habéis querido oír con orejas abiertas
el llanto de millones de niños jornaleros.
Ladrabais cuando el hambre llegaba a vuestras puertas
a pedir con la boca de los mismos luceros.

En cada casa, un odio como una higuera fosca,
como un tremante toro con los cuernos tremantes,
rompe por los tejados, os cerca y os embosca,
y os destruye a cornadas, perros agonizantes.

II

El hambre es el primero de los conocimientos:
tener hambre es la cosa primera que se aprende.
Y la ferocidad de nuestros sentimientos,
allá donde el estómago se origina, se enciende.

Uno no es tan humano que no estrangule un día
pájaros sin sentir herida en la conciencia:
que no sea capaz de ahogar en nieve fría
palomas que no saben si no es de la inocencia.

El animal influye sobre mí con extremo,
la fiera late en todas mis fuerzas, mis pasiones.
A veces, he de hacer un esfuerzo supremo
para acallar en mí la voz de los leones.

Me enorgullece el título de animal en mi vida,
pero en el animal humano persevero.
Y busco por mi cuerpo lo más puro que anida,
bajo tanta maleza, con su valor primero.

Por hambre vuelve el hombre sobre los laberintos
donde la vida habita siniestramente sola.
Reaparece la fiera, recobra sus instintos,
sus patas erizadas, sus rencores, su cola.

Arroja sus estudios y la sabiduría,
y se quita la máscara, la piel de la cultura,
los ojos de la ciencia, la corteza tardía
de los conocimientos que descubre y procura.

Entonces solo sabe del mal, del exterminio.
Inventa gases, lanza motivos destructores,
regresa a la pezuña, retrocede al dominio
del colmillo, y avanza sobre los comedores.

Se ejercita en la bestia, y empuña la cuchara
dispuesto a que ninguno se le acerque a la mesa.
Entonces solo veo sobre el mundo una piara
de tigres, y en mis ojos la visión duele y pesa.

Yo no tengo en el alma tanto tigre admitido,
tanto chacal prohijado, que el vino que me toca,
el pan, el día, el hambre no tenga compartido
con otras hambres puestas noblemente en la boca.

Ayudadme a ser hombre: no me dejéis ser fiera
hambrienta, encarnizada, sitiada eternamente.
Yo, animal familiar, con esta sangre obrera
os doy la humanidad que mi canción presiente.

EL HERIDO

Para el muro de un hospital de sangre

I

Por los campos luchados se extienden los heridos.
Y de aquella extensión de cuerpos luchadores
salta un trigal de chorros calientes, extendidos
en roncos surtidores.

La sangre llueve siempre boca arriba, hacia el cielo.
Y las heridas suenan, igual que caracolas,
cuando hay en las heridas celeridad de vuelo,
esencia de las olas.

La sangre huele a mar, sabe a mar y a bodega.
La bodega del mar, del vino bravo, estalla
allí donde el herido palpitante se anega,
y florece y se halla.

Herido estoy, miradme: necesito más vidas.
La que contengo es poca para el gran cometido
de sangre que quisiera perder por las heridas.
Decid quién no fue herido.

Mi vida es una herida de juventud dichosa.
¡Ay de quien no está herido, de quien jamás se siente
herido por la vida, ni en la vida reposa
herido alegremente!

Si hasta a los hospitales se va con alegría,
se convierten en huertos de heridas entreabiertas,
de adelfos florecidos ante la cirugía
de ensangrentadas puertas.

II

Para la libertad sangro, lucho, pervivo.
Para la libertad, mis ojos y mis manos,
como un árbol carnal, generoso y cautivo,
doy a los cirujanos.

Para la libertad siento más corazones
que arenas en mi pecho: dan espuma mis venas,
y entro en los hospitales, y entro en los algodones
como en las azucenas.

Porque donde unas cuencas vacías amanezcan,
ella pondrá dos piedras de futura mirada,
y hará que nuevos brazos y nuevas piernas crezcan
en la carne talada.

Retoñarán aladas de savia sin otoño
reliquias de mi cuerpo que pierdo en cada herida.

Porque soy como el árbol talado, que retoño:
porque aún tengo la vida.

CARTA

El palomar de las cartas
abre su imposible vuelo
desde las trémulas mesas
donde se apoya el recuerdo,
la gravedad de la ausencia,
el corazón, el silencio.

Oigo un latido de cartas
navegando hacia su centro.

Donde voy, con las mujeres
y con los hombres me encuentro,
malheridos por la ausencia,
desgastados por el tiempo.

Cartas, relaciones, cartas:
tarjetas postales, sueños,
fragmentos de la ternura,
proyectados en el cielo,
lanzados de sangre a sangre
y de deseo a deseo.

Aunque bajo la tierra

mi amante cuerpo esté,
escríbeme a la tierra
que yo te escribiré.

En un rincón enmudecen
cartas viejas, sobres viejos,
con el color de la edad
sobre la escritura puesto.
Allí perecen las cartas
llenas de estremecimientos.
Allí agoniza la tinta
y desfallecen los pliegos,
y el papel se agujerea
como un breve cementerio
de las pasiones de antes,
de los amores de luego.

Aunque bajo la tierra
mi amante cuerpo esté,
escríbeme a la tierra,
que yo te escribiré.

Cuando te voy a escribir
se emocionan los tinteros:
los negros tinteros fríos
se ponen rojos y trémulos,
y un claro calor humano
sube desde el fondo negro.
Cuando te voy a escribir,
te van a escribir mis huesos:

te escribo con la imborrable
tinta de mi sentimiento.

Allá va mi carta cálida,
paloma forjada al fuego,
con las dos alas plegadas
y la dirección en medio.
Ave que solo persigue,
para nido y aire y cielo,
carne, manos, ojos tuyos,
y el espacio de tu aliento.

Y te quedarás desnuda
dentro de tus sentimientos,
sin ropa, para sentirla
del todo contra tu pecho.

Aunque bajo la tierra
mi amante cuerpo esté,
escríbeme a la tierra
que yo te escribiré.

Ayer se quedó una carta
abandonada y sin dueño,
volando sobre los ojos
de alguien que perdió su cuerpo.
Cartas que se quedan vivas
hablando para los muertos:
papel anhelante, humano,
sin ojos que puedan serlo.

Mientras los colmillos crecen,
cada vez más cerca siento
la leve voz de tu carta
igual que un clamor inmenso.
La recibiré dormido,
si no es posible despierto.
Y mis heridas serán
los derramados tinteros,
las bocas estremecidas
de rememorar tus besos,
y con su inaudita voz
han de repetir: te quiero.

LAS CÁRCELES

I

Las cárceles se arrastran por la humedad del mundo,
van por la tenebrosa vía de los juzgados:
buscan a un hombre, buscan a un pueblo, lo persiguen,
lo absorben, se lo tragan.

No se ve, que se escucha la pena de metal,
el sollozo del hierro que atropellan y escupen:
el llanto de la espada puesta sobre los jueces
de cemento fangoso.

Allí, bajo la cárcel, la fábrica del llanto,
el telar de la lágrima que no ha de ser estéril,
el casco de los odios y de las esperanzas,
fabrican, tejen, hunden.

Cuando están las perdices más roncas y acopladas,
y el azul amoroso de fuerzas expansivas,
un hombre hace memoria de la luz, de la tierra,
húmedamente negro.

Se da contra las piedras la libertad, el día,
el paso galopante de un hombre, la cabeza,

la boca con espuma, con decisión de espuma,
la libertad, un hombre.

Un hombre que cosecha y arroja todo el viento
desde su corazón donde crece un plumaje:
un hombre que es el mismo dentro de cada frío,
de cada calabozo.

Un hombre que ha soñado con las aguas del mar,
y destroza sus alas como un rayo amarrado,
y estremece las rejas, y se clava los dientes
en los dientes del trueno.

II

Aquí no se pelea por un buey desmayado,
sino por un caballo que ve pudrir sus crines,
y siente sus galopes debajo de los cascos
pudrirse airadamente.

Limpiad el salivazo que lleva en la mejilla,
y desencadenad el corazón del mundo,
y detened las fauces de las voraces cárceles
donde el sol retrocede.

La libertad se pudre desplumada en la lengua
de quienes son sus siervos más que sus poseedores.
Romped esas cadenas y las otras que escucho
detrás de esos esclavos.

Esos que solo buscan abandonar su cárcel,
su rincón, su cadena, no la de los demás.
Y en cuanto lo consiguen, descienden pluma a pluma,
enmohecen, se arrastran.

Son los encadenados por siempre desde siempre.
Ser libre es una cosa que solo un hombre sabe:
solo el hombre que advierto dentro de esa mazmorra
como si yo estuviera.

Cierra las puertas, echa la aldaba, carcelero.
Ata duro a ese hombre: no le atarás el alma.
Son muchas llaves, muchos cerrojos, injusticias:
no le atarás el alma.

Cadenas, sí: cadenas de sangre necesita.
Hierros venenosos, cálidos, sanguíneos eslabones,
nudos que no rechacen a los nudos siguientes
humanamente atados.

Un hombre aguarda dentro de un pozo sin remedio,
tenso, conmocionado, con la oreja aplicada.
Porque un pueblo ha gritado, ¡libertad!, vuela el cielo.
Y las cárceles vuelan.

EL TREN DE LOS HERIDOS

Silencio que naufraga en el silencio
de las bocas cerradas de la noche.
No cesa de callar ni atravesado.
Habla el lenguaje ahogado de los muertos.

Silencio.

Abre caminos de algodón profundo,
amordaza las ruedas, los relojes,
detén la voz del mar, de la paloma:
emociona la noche de los sueños.

Silencio.

El tren lluvioso de la sangre suelta,
el frágil tren de los que se desangran,
el silencioso, el doloroso, el pálido,
el tren callado de los sufrimientos.

Silencio.

Tren de la palidez mortal que asciende:
la palidez reviste las cabezas,
el ¡ay! la voz, el corazón la tierra,
el corazón de los que malhirieron.

Silencio.

Van derramando piernas, brazos, ojos,
van arrojando por el tren pedazos.
Pasan dejando rastros de amargura,
otra vía láctea de estelares miembros.

Silencio.

Ronco tren desmayado, enrojecido:
agoniza el carbón, suspira el humo
y, maternal la máquina suspira,
avanza como un largo desaliento.

Silencio.

Detenerse quisiera bajo un túnel
la larga madre, sollozar tendida.
No hay estaciones donde detenerse,
si no es el hospital, si no es el pecho.

Para vivir, con un pedazo basta:
en un rincón de carne cabe un hombre.
Un dedo solo, un solo trozo de ala
alza el vuelo total de todo un cuerpo.

Silencio.

Detened ese tren agonizante
que nunca acaba de cruzar la noche.

Y se queda descalzo hasta el caballo,
y enarena los cascos y el aliento.

MADRE ESPAÑA

Abrazado a tu cuerpo como el tronco a su tierra,
con todas las raíces y todos los corajes,
¿quién me separará, me arrancará de ti,
madre?

Abrazado a tu vientre, ¿quién me lo quitará,
si su fondo titánico da principio a mi carne?
abrazado a tu vientre, que es mi perpetua casa,
¡nadie!

Madre: abismo de siempre, tierra de siempre: entrañas
donde desembocando se unen todas las sangres:
donde todos los huesos caídos se levantan:
madre.

Decir madre es decir tierra que me ha parido;
es decir a los muertos: hermanos, levantarse;
es sentir en la boca y escuchar bajo el suelo
sangre.

La otra madre es un puente, nada más, de tus ríos.
El otro pecho es una burbuja de tus mares.
Tú eres la madre entera con todo su infinito,
madre.

Tierra: tierra en la boca, y en el alma, y en todo.
Tierra que voy comiendo, que al fin ha de tragarme.
Con más fuerza que antes, volverás a parirme,
madre.

Cuando sobre tu cuerpo sea una leve huella,
volverás a parirme con más fuerza que antes.
Cuando un hijo es un hijo, vive y muere gritando:
¡madre!

Hermanos: defendamos su vientre acometido,
hacia donde los grajos crecen de todas partes,
pues, para que las malas alas vuelen, aún quedan
aires.

Echad a las orillas de vuestro corazón
el sentimiento en límites, los efectos parciales.
Son pequeñas historias al lado de ella, siempre
grande.

Una fotografía y un pedazo de tierra,
una carta y un monte son a veces iguales.
Hoy eres tú la hierba que crece sobre todo,
madre.

Familia de esta tierra que nos funde en la luz,
los más oscuros muertos pugnan por levantarse,
fundirse con nosotros y salvar la primera
madre.

España, piedra estoica que se abrió en dos pedazos
de dolor y de piedra profunda para darme:
no me separarán de tus altas entrañas,
madre.

Además de morir por ti, pido una cosa:
que la mujer y el hijo que tengo, cuando pasen,
vayan hasta el rincón que habite de tu vientre,
madre.

CANCIÓN ÚLTIMA

Pintada, no vacía:
pintada está mi casa
del color de las grandes
pasiones y desgracias.

Regresará del llanto
adonde fue llevada
con su desierta mesa
con su ruidosa cama.

Florecerán los besos
sobre las almohadas.
Y en torno de los cuerpos
elevará la sábana
su intensa enredadera
nocturna, perfumada.

El odio se amortigua
detrás de la ventana.

Será la garra suave.

Dejadme la esperanza.

Cancionero y romancero de ausencias (1938-1941)

Ropas con su olor,
paños con su aroma.
Se alejó en el cuerpo,
me dejó en sus ropas.
Lecho sin calor,
sábana de sombra.
Se ausentó en su cuerpo.
Se quedó en sus ropas.

Negros ojos negros.
El mundo se abría
sobre tus pestañas
de negras distancias.
Dorada mirada.
El mundo se cierra
sobre tus pestañas
lluviosas y negras.

No quiso ser.

No conoció el encuentro
del hombre y la mujer.
El amoroso vello
no pudo florecer.
Detuvo sus sentidos
negándose a saber
y descendieron diáfanos
ante el amanecer.
Vio turbio su mañana
y se quedó en su ayer.

No quiso ser.

Besarse, mujer,
al sol, es besarnos
en toda la vida.
Ascienden los labios,
eléctricamente
vibrantes de rayos,
con todo el furor
de un sol entre cuatro.
Besarse a la luna,
mujer, es besarnos
en toda la muerte.
Descienden los labios,
con toda la luna,
pidiendo su ocaso,
del labio de arriba,
del labio de abajo,
gastada y helada
y en cuatro pedazos.

Llegó con tres heridas:
la del amor,
la de la muerte,
la de la vida.

Con tres heridas viene:
la de la vida,
la del amor,
la de la muerte.

Con tres heridas yo:
la de la vida,
la de la muerte,
la del amor.

Llevadme al cementerio
de los zapatos viejos.

Echadme a todas horas
la pluma de la escoba.

Sembradme con estatuas
de rígida mirada.

Por un huerto de bocas,
futuras y doradas,
relumbrará mi sombra.

Muerto mío, muerto mío:
nadie nos siente en la tierra
donde haces caliente el frío.

La vejez en los pueblos.
El corazón sin dueño.
El amor sin objeto.
La hierba, el polvo, el cuervo.
¿Y la juventud?
En el ataúd.

El árbol solo y seco.
La mujer como un leño
de viudez sobre el lecho.
El odio sin remedio.
¿Y la juventud?
En el ataúd.

Era un hoyo no muy hondo.
Casi en la flor de la sombra.
No hubiera cabido un hombre
en su oscuridad angosta.
Contigo todo fue anchura
en la tierra tenebrosa.

Mi casa contigo era
la habitación de la bóveda.
Dentro de mi casa entraba
por ti la luz victoriosa.

Mi casa va siendo un hoyo.
Yo no quisiera que toda
aquella luz se alejara
vencida, desde la alcoba.

Pero cuando llueve, siento
que las paredes se ahondan,
y reverdecen los muebles,
rememorando las hojas.

Mi casa es una ciudad
con una puerta a la aurora,
otra más grande a la tarde,
y a la noche, inmensa, otra.

Mi casa es un ataúd.
Bajo la lluvia redobla.
Y ahuyenta las golondrinas
que no la quisieran torva.

En mi casa falta un cuerpo.
Dos en nuestra casa sobran.

A MI HIJO

Te has negado a cerrar los ojos, muerto mío,
abiertos ante el cielo como dos golondrinas:
su color coronado de junios, ya es rocío
alejándose a ciertas regiones matutinas.

Hoy, que es un día como bajo la tierra, oscuro,
como bajo la tierra, lluvioso, despoblado,
con la humedad sin sol de mi cuerpo futuro,
como bajo la tierra quiero haberte enterrado.

Desde que tú eres muerto no alientan las mañanas,
al fuego arrebatadas de tus ojos solares:
precipitado octubre contra nuestras ventanas,
diste paso al otoño y anocheció los mares.

Te ha devorado el sol, rival único y hondo
y la remota sombra que te lanzó encendido;
te empuja luz abajo llevándote hasta el fondo,
tragándote; y es como si no hubieras nacido.

Diez meses en la luz, redondeando el cielo,
sol muerto, anochecido, sepultado, eclipsado.
Sin pasar por el día se marchitó tu pelo;
atardeció tu carne con el alba en un lado.

El pájaro pregunta por ti, cuerpo al oriente,
carne naciente al alba y al júbilo precisa;
niño que solo supo reír, tan largamente,
que solo ciertas flores mueren con tu sonrisa.

Ausente, ausente, ausente como la golondrina,
ave estival que esquiva vivir al pie del hielo:
golondrina que a poco de abrir la pluma fina,
naufraga en las tijeras enemigas del vuelo.

Flor que no fue capaz de endurecer los dientes,
de llegar al más leve signo de la fiereza.
Vida como una hoja de labios incipientes,
hoja que se desliza cuando a sonar empieza.

Los consejos del mar de nada te han valido...
Vengo de dar a un tierno sol una puñalada,
de enterrar un pedazo de pan en el olvido,
de echar sobre unos ojos un puñado de nada.

Verde, rojo, moreno: verde, azul y dorado;
los latentes colores de la vida, los huertos,
el centro de las flores a tus pies destinado,
de oscuros negros tristes, de graves blancos yertos.

Mujer arrinconada: mira que ya es de día.
(¡Ay, ojos sin poniente por siempre en la alborada!)
Pero en tu vientre, pero en tus ojos, mujer mía,
la noche continúa cayendo desolada.

Tristes guerras
si no es amor la empresa.
Tristes. Tristes.
Tristes armas
si no son las palabras.
Tristes. Tristes.
Tristes hombres
si no mueren de amores.
Tristes. Tristes.

HIJO DE LA LUZ Y DE LA SOMBRA

I

(Hijo de la sombra)

Eres la noche, esposa: la noche en el instante
mayor de su potencia lunar y femenina.
Eres la medianoche: la sombra culminante
donde culmina el sueño, donde el amor culmina.

Forjado por el día, mi corazón que quema
lleva su gran pisada de sol a donde quieres,
con un solar impulso, con una luz suprema,
cumbre de las mañanas y los atardeceres.

Daré sobre tu cuerpo cuando la noche arroje
su avaricioso anhelo de imán y poderío.
Un astral sentimiento febril me sobrecoge,
incendia mi osamenta con un escalofrío.

El aire de la noche desordena tus pechos,
y desordena y vuelca los cuerpos con su choque.
Como una tempestad de enloquecidos lechos,
eclipsa las parejas, las hace un solo bloque.

La noche se ha encendido como una sorda hoguera
de llamas minerales y oscuras embestidas.
Y alrededor la sombra late como si fuera
las almas de los pozos y el vino difundidas.

Ya la sombra es el nido cerrado, incandescente,
la visible ceguera puesta sobre quien ama;
ya provoca el abrazo cerrado, ciegamente,
ya recoge en sus cuevas cuanto la luz derrama.

La sombra pide, exige seres que se entrelacen,
besos que la constelen de relámpagos largos,
bocas embravecidas, batidas, que atenacen,
arrullos que hagan música de sus mudos letargos.

Pide que nos echemos tú y yo sobre la manta,
tú y yo sobre la luna, tú y yo sobre la vida.
Pide que tú y yo ardamos fundiendo en la garganta,
con todo el firmamento, la tierra estremecida.

El hijo está en la sombra que acumula luceros,
amor, tuétano, luna, claras oscuridades.
Brota de sus perezas y de sus agujeros,
y de sus solitarias y apagadas ciudades.

El hijo está en la sombra: de la sombra ha surtido,
y a su origen infunden los astros una siembra,
un zumo lácteo, un flujo de cálido latido,
que ha de obligar sus huesos al sueño y a la hembra.

Moviendo está la sombra sus fuerzas siderales,
tendiendo está la sombra su constelada umbría,
volcando las parejas y haciéndolas nupciales.
Tú eres la noche, esposa. Yo soy el mediodía.

II

(Hijo de la luz)

Tú eres el alba, esposa: la principal penumbra,
recibes entornadas las horas de tu frente.
Decidido al fulgor, pero entornado, alumbra
tu cuerpo. Tus entrañas forjan el sol naciente.

Centro de claridades, la gran hora te espera
en el umbral de un fuego que el fuego mismo abrasa:
te espero yo, inclinado como el trigo a la era,
colocando en el centro de la luz nuestra casa.

La noche desprendida de los pozos oscuros,
se sumerge en los pozos donde ha echado raíces.
Y tú te abres al parto luminoso, entre muros
que se rasgan contigo como pétreas matrices.

La gran hora del parto, la más rotunda hora:
estallan los relojes sintiendo tu alarido,
se abren todas las puertas del mundo, de la aurora,
y el sol nace en tu vientre donde encontró su nido.

El hijo fue primero sombra y ropa cosida
por tu corazón hondo desde tus hondas manos.
Con sombras y con ropas anticipó su vida,
con sombras y con ropas de gérmenes humanos.

Las sombras y las ropas sin población, desiertas,
se han poblado de un niño sonoro, un movimiento,
que en nuestra casa pone de par en par las puertas,
y ocupa en ella a gritos el luminoso asiento.

¡Ay, la vida: qué hermoso penar tan moribundo!
Sombras y ropas trajo la del hijo que nombras.
Sombras y ropas llevan los hombres por el mundo.
Y todos dejan siempre sombras: ropas y sombras.

Hijo del alba eres, hijo del mediodía.
Y ha de quedar de ti luces en todo impuestas,
mientras tu madre y yo vamos a la agonía,
dormidos y despiertos con el amor a cuestas.
Hablo y el corazón me sale en el aliento.
Si no hablara lo mucho que quiero me ahogaría.
Con espliego y resinas perfumo tu aposento.
Tú eres el alba, esposa. Yo soy el mediodía.

III

(Hijo de la luz y de la sombra)

Tejidos en el alba, grabados, dos panales
no pueden detener la miel en los pezones.
Tus pechos en el alba: maternos manantiales,
luchan y se atropellan con blancas efusiones.

Se han desbordado, esposa, lunarmente tus venas,
hasta inundar la casa que tu sabor rezuma.
Y es como si brotaras de un pueblo de colmenas,
tú toda una colmena de leche con espuma.

Es como si tu sangre fuera dulzura toda,
laboriosas abejas filtradas por tus poros.
Oigo un clamor de leche, de inundación, de boda
junto a ti, recorrida por caudales sonoros.

Caudalosa mujer: en tu vientre me entierro.
Tu caudaloso vientre será mi sepultura.
Si quemaran mis huesos con la llama del hierro,
verían qué grabada llevo allí tu figura.

Para siempre fundidos en el hijo quedamos:
fundidos como anhelan nuestras ansias voraces:
en un ramo de tiempo, de sangre, los dos ramos,
en un haz de caricias, de pelo, los dos haces.
Los muertos, con un fuego congelado que abrasa,
laten junto a los vivos de una manera terca.

Viene a ocupar el hijo los campos y la casa
que tú y yo abandonamos quedándonos muy cerca.

Haremos de este hijo generador sustento,
y hará de nuestra carne materia decisiva:
donde sienten su alma las manos y el aliento,
las hélices circulen, la agricultura viva.

Él hará que esta vida no caiga derribada,
pedazo desprendido de nuestros dos pedazos,
que de nuestras dos bocas hará una sola espada
y dos brazos eternos de nuestros cuatro brazos.

No te quiero a ti sola: te quiero en tu ascendencia
y en cuanto de tu vientre descenderá mañana.
Porque la especie humana me han dado por herencia
la familia del hijo será la especie humana.

Con el amor a cuestas, dormidos y despiertos,
seguiremos besándonos en el hijo profundo.
Besándonos tú y yo se besan nuestros muertos,
se besan los primeros pobladores del mundo.

Menos tu vientre,
todo es confuso.
Menos tu vientre,
todo es futuro
fugaz, pasado
baldío, turbio.
Menos tu vientre,
todo es oculto.
Menos tu vientre,
todo inseguro,
todo postrero,
polvo sin mundo.
Menos tu vientre,
todo es oscuro.
Menos tu vientre
claro y profundo.

ANTES DEL ODIO

Beso soy, sombra con sombra.
Beso, dolor con dolor,
por haberme enamorado,
corazón sin corazón,
de las cosas, del aliento
sin sombra de la creación.
Sed con agua en la distancia,
pero sed alrededor.

Corazón en una copa
donde me lo bebo yo,
y no se lo bebe nadie,
nadie sabe su valor.
Odio, vida: ¡cuánto odio
solo por amor!

No es posible acariciarte
con las manos que me dio
el fuego de más deseo,
el ansia de más ardor.
Varias alas, varios vuelos
abaten en ellas hoy
hierros que cercan las venas
y las muerden con rencor.

Por amor, vida, abatido,
pájaro sin remisión.
Solo por amor odiado.
Solo por amor.

Amor, tu bóveda arriba
yo abajo siempre, amor,
sin otra luz que estas ansias,
sin otra iluminación.
Mírame aquí encadenado,
escupido, sin calor,
a los pies de la tiniebla
más súbita, más feroz,
comiendo pan y cuchillo
como buen trabajador
y a veces cuchillo solo,
solo por amor.

Todo lo que significa
golondrinas, ascensión,
claridad, anchura, aire,
decidido espacio, sol,
horizonte aleteante,
sepultado en un rincón.
Esperanza, mar, desierto,
sangre, monte rodador:
libertades de mi alma
clamorosas de pasión,
desfilando por mi cuerpo,
donde no se quedan, no,

pero donde se despliegan,
solo por amor.

Porque dentro de la triste
guirnalda del eslabón,
del sabor a carcelero
constante, y a paredón,
y a precipicio en acecho,
alto, alegre, libre soy.
Alto, alegre, libre, libre,
solo por amor.

No, no hay cárcel para el hombre.
No podrán atarme, no.
Este mundo de cadenas
me es pequeño y exterior.
¿Quién encierra una sonrisa?
¿Quién amuralla una voz?
A lo lejos tú, más sola
que la muerta, la una y yo.
A lo lejos tú, sintiendo
en tus brazos mi prisión:
en tus brazos donde late
la libertad de los dos.
Libre soy. Siénteme libre.
Solo por amor.

LA BOCA

Boca que arrastra mi boca:
boca que me has arrastrado:
boca que vienes de lejos
a iluminarme de rayos.
Alba que das a mis noches
un resplandor rojo y blanco.
Boca poblada de bocas:
pájaro lleno de pájaros.

Canción que vuelve las alas
hacia arriba y hacia abajo.
Muerte reducida a besos,
a sed de morir despacio,
das a la grama sangrante
dos fúlgidos aletazos.
El labio de arriba el cielo
y la tierra el otro labio.

Beso que rueda en la sombra:
beso que viene rodando
desde el primer cementerio
hasta los últimos astros.
Astro que tiene tu boca
enmudecido y cerrado

hasta que un roce celeste
hace que vibren sus párpados.

Beso que va a un porvenir
de muchachas y muchachos,
que no dejarán desiertos
ni las calles ni los campos.

¡Cuántas bocas enterradas,
sin boca, desenterramos!

Beso en tu boca por ellos,
brindo en tu boca por tantos
que cayeron sobre el vino
de los amorosos vasos.
Hoy son recuerdos, recuerdos,
besos distantes y amargos.

Hundo en tu boca mi vida,
oigo rumores de espacios,
y el infinito parece
que sobre mí se ha volcado.

He de volverte a besar,
he de volver, hundo, caigo,
mientras descienden los siglos
hacia los hondos barrancos
como una febril nevada
de besos y enamorados.

Boca que desenterraste
el amanecer más claro
con tu lengua. Tres palabras,
tres fuegos has heredado:
vida, muerte, amor. Ahí quedan
escritos sobre tus labios.

ASCENSIÓN DE LA ESCOBA

Coronad a la escoba de laurel, mirto, rosa.
Es el héroe entre aquellos que afrontan la basura.
Para librar del polvo sin vuelo cada cosa
bajó, porque era palma y azul, desde la altura.

Su ardor de espada joven y alegre no reposa.
Delgada de ansiedad, pureza, sol, bravura,
azucena que barre sobre la misma fosa,
es cada vez más alta, más cálida, más pura.

Nunca: la escoba nunca será crucificada,
porque la juventud propaga su esqueleto
que es una sola flauta muda, pero sonora.

Es una sola lengua sublime y acordada.
Y ante su aliento raudo se ausenta el polvo quieto.
Y asciende una palmera, columna hacia la aurora.

GUERRA

Todas las madres del mundo,
ocultan el vientre, tiemblan,
y quisieran retirarse,
a virginidades ciegas,
el origen solitario
y el pasado sin herencia.
Pálida, sobrecogida
la fecundidad se queda.
El mar tiene sed y tiene
sed de ser agua la tierra.

Alarga la llama el odio
y el amor cierra las puertas.
Voces como lanzas vibran,
voces como bayonetas.
Bocas como puños vienen,
puños como cascos llegan.
Pechos como muros roncos,
piernas como patas recias.
El corazón se revuelve,
se atorbellina, revienta.
Arroja contra los ojos
súbitas espumas negras.

La sangre enarbola el cuerpo,
precipita la cabeza
y busca un hueco, una herida
por donde lanzarse afuera.

La sangre recorre el mundo
enjaulada, insatisfecha.
Las flores se desvanecen
devoradas por la hierba.
Ansias de matar invaden
el fondo de la azucena.
Acoplarse con metales
todos los cuerpos anhelan:
desposarse, poseerse
de una terrible manera.

Desaparecer: el ansia
general, creciente, reina.
Un fantasma de estandartes,
una bandera quimérica,
un mito de patrias: una
grave ficción de fronteras.

Músicas exasperadas,
duras como botas, huellan
la faz de las esperanzas
y de las entrañas tiernas.
Crepita el alma, la ira.
El llanto relampaguea.

¿Para qué quiero la luz
si tropiezo con tinieblas?

Pasiones como clarines,
coplas, trompas que aconsejan
devorarse ser a ser,
destruirse, piedra a piedra.
Relinchos. Retumbos. Truenos.
Salivazos. Besos. Ruedas.
Espuelas. Espadas locas
abren una herida inmensa.

Después, el silencio, mudo
de algodón, blanco de vendas,
cárdeno de cirugía,
mutilado de tristeza.
El silencio. Y el laurel
en un rincón de osamentas.
Y un tambor enamorado,
como un vientre tenso, suena
detrás del innumerable
muerto que jamás se aleja.

NANAS DE LA CEBOLLA

La cebolla es escarcha
cerrada y pobre.
Escarcha de tus días
y de mis noches.
Hambre y cebolla,
hielo negro y escarcha
grande y redonda.

En la cuna del hambre
mi niño estaba.
Con sangre de cebolla
se amamantaba.
Pero tu sangre,
escarchaba de azúcar,
cebolla y hambre.

Una mujer morena,
resuelta en luna,
se derrama hilo a hilo
sobre la cuna.
Ríete, niño,
que te traigo la luna
cuando es preciso.

Alondra de mi casa,
ríete mucho.
Es tu risa en tus ojos
la luz del mundo.
Ríete tanto
que mi alma al oírte
bata el espacio.

Tu risa me hace libre,
me pone alas.
Soledades me quita,
cárcel me arranca.
Boca que vuela,
corazón que en tus labios
relampaguea.

Es tu risa la espada
más victoriosa.
Vencedor de las flores
y las alondras
Rival del sol,
porvenir de mis huesos
y de mi amor.

La carne aleteante,
súbito el párpado,
el niño como nunca
coloreado.
¡Cuánto jilguero

se remonta, aletea,
desde tu cuerpo!

Desperté de ser niño.
Nunca despiertes.
Triste llevo la boca.
Ríete siempre.
Siempre en la cuna,
defendiendo la risa
pluma por pluma.

Ser de vuelo tan alto,
tan extendido,
que tu carne parece
cielo cernido.
¡Si yo pudiera
remontarme al origen
de tu carrera!

Al octavo mes ríes
con cinco azahares.
Con cinco diminutas
ferocidades.
Con cinco dientes
como cinco jazmines
adolescentes.

Frontera de los besos
serán mañana,

cuando en la dentadura
sientas un arma.
Sientas un fuego
correr dientes abajo
buscando el centro.

Vuela niño en la doble
luna del pecho.
Él, triste de cebolla,
tú, satisfecho.
No te derrumbes.
No sepas lo que pasa ni
lo que ocurre.

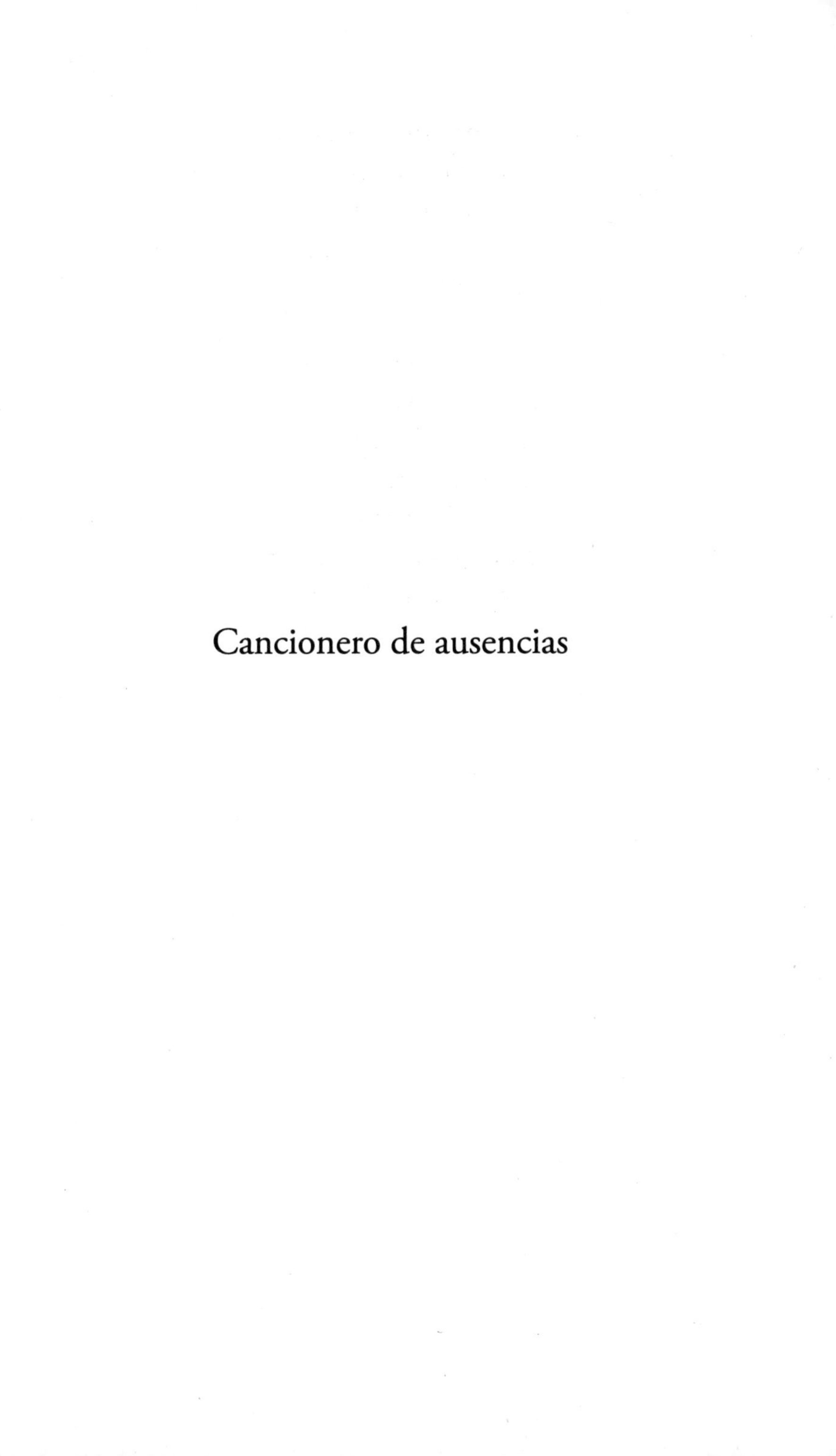

Cancionero de ausencias

Debajo del granado
de mi pasión
amor, amor he llorado
¡ay de mi corazón!

Al fondo del granado
de mi pasión
el fruto se ha desangrado
¡ay de mi corazón!

¿Quién llenará este vacío
de cielo desalentado
que deja tu cuerpo al mío?

Cuerpos, soles, alboradas,
cárceles y cementerios,
donde siempre hay un pedazo
de sombra para mi cuerpo.

Muerto mío.
Te has ido con el verano.
¿Sientes frío?

Son míos, ¡ay! son míos
los bellos cuerpos muertos
los bellos cuerpos vivos,
los cuerpos venideros.

Son míos, ¡ay! son míos
a través de tu cuerpo.

Rotos, rotos: ¡Qué rotos!
Rotos: cristales rotos
de tanto dilatarse
en ver, arder, querer,
luchar, odiar, mis ojos.

Rotos: por siempre rotos.
Rotos: espejos rotos
caídos, sin imagen,
sin dirección, tus ojos.

Otros poemas

EL ÚLTIMO RINCÓN

El último y el primero:
rincón para el sol más grande,
sepultura de esta vida
donde tus ojos no caben.

Allí quisiera tenderme
para desenamorarme.

Por el olivo lo quiero,
lo persigo por la calle,
se sume por los rincones
donde se sumen los árboles.

Se ahonda y hace más honda
la intensidad de mi sangre.

Los olivos moribundos
florecen en todo el aire
y los muchachos se quedan
cercanos y agonizantes.

Carne de mi movimiento,
huesos de ritmos mortales:

me muero por respirar
sobre vuestros ademanes.

Corazón que entre dos piedras
ansiosas de machacarte,
de tanto querer te ahogas
como un mar entre dos mares.

De tanto querer me ahogo,
y no me es posible ahogarme.

Beso que viene rodando
desde el principio del mundo
a mi boca por tus labios.
Beso que va a un porvenir,
boca como un doble astro
que entre los astros palpita
por tantos besos parados,
por tantas bocas cerradas
sin un beso solitario.

¿Qué hice para que pusieran
a mi vida tanta cárcel?

Tu pelo donde lo negro
ha sufrido las edades
de la negrura más firme,
y la más emocionante:
tu secular pelo negro
recorro hasta remontarme

a la negrura primera
de tus ojos y tus padres,
al rincón de pelo denso
donde relampagueaste.

Como un rincón solitario
allí el hombre brota y arde.

Ay, el rincón de tu vientre;
el callejón de tu carne:
el callejón sin salida
donde agonicé una tarde.

La pólvora y el amor
marchan sobre las ciudades
deslumbrando, removiendo
la población de la sangre.

El naranjo sabe a vida
y el olivo a tiempo sabe.
Y entre el clamor de los dos
mis pasiones se debaten.

El último y el primero:
rincón donde algún cadáver
siente el arrullo del mundo
de los amorosos cauces.

Siesta que ha entenebrecido
el sol de las humedades.

Allí quisiera tenderme
para desenamorarme.

Después del amor, la tierra.
Después de la tierra, nadie.

CASIDA DEL SEDIENTO

Arena del desierto
soy, desierto de sed.
Oasis es tu boca
donde no he de beber.

Boca: Oasis abierto
a todas las arenas del desierto.

Húmedo punto en medio
de un mundo abrasador,
el de tu cuerpo, el tuyo,
que nunca es de los dos.

Cuerpo: pozo cerrado
a quien la sed y el sol han calcinado.

SONREÍR CON LA ALEGRE TRISTEZA DEL OLIVO

Sonreír con la alegre tristeza del olivo.
Esperar. No cansarse de esperar la alegría.
Sonriamos. Doremos la luz de cada día
en esta alegre y triste vanidad del ser vivo.

Me siento cada día más libre y más cautivo
en toda esta sonrisa tan clara y tan sombría.
Cruzan las tempestades sobre tu boca fría
como sobre la mía que aún es un soplo estivo.

Una sonrisa se alza sobre el abismo: crece
como un abismo trémulo, pero valiente en alas.
Una sonrisa eleva calientemente el vuelo.

Diurna, firme, arriba, no baja, no anochece.
Todo lo desafías, amor: todo lo escalas.
Con sonrisa te fuiste de la tierra y del cielo.

VUELO

Solo quien ama vuela. Pero, ¿quién ama tanto
que sea como el pájaro más leve y fugitivo?
Hundiendo va este odio reinante todo cuanto
quisiera remontarse directamente vivo.

Amar... Pero, ¿quién ama? Volar... Pero, ¿quién vuela?
Conquistaré el azul ávido de plumaje,
pero el amor, abajo siempre, se desconsuela
de no encontrar las alas que da cierto coraje.

Un ser ardiente, claro de deseos, alado,
quiso ascender, tener la libertad por nido.
Quiso olvidar que el hombre se aleja encadenado.
Donde faltaban plumas puso valor y olvido.

Iba tan alto a veces, que le resplandecía
sobre la piel el cielo, bajo la piel el ave.
Ser que te confundiste con una alondra un día,
te desplomaste otro como el granizo grave.

Ya sabes que las vidas de los demás son losas
con que tapiarte: cárceles con que tragar la tuya.
Pasa, vida, entre cuerpos, entre rejas hermosas.
A través de las rejas, libre la sangre afluya.

Triste instrumento alegre de vestir; apremiante
tubo de apetecer y respirar el fuego.
Espada devorada por el uso constante.
Cuerpo en cuyo horizonte cerrado me despliego.

No volarás. No puedes volar, cuerpo que vagas
por estas galerías donde el aire es mi nudo.
Por más que te debatas en ascender, naufragas.
No clamarás. El campo sigue desierto y mudo.

Los brazos no aletean. Son acaso una cola
que el corazón quisiera lanzar al firmamento.
La sangre se entristece de debatirse sola.
Los ojos vuelven tristes de mal conocimiento.

Cada ciudad, dormida, despierta loca, exhala
un silencio de cárcel, de sueño que arde y llueve
como un élitro ronco de no poder ser ala.
El hombre yace. El cielo se eleva. El aire mueve.

Poemas tachados en el cancionero de ausencias

CASA CERRADA

El hijo muerto no cierra las puertas.
El marido ausente, sí.
Ausentes del corazón,
ausentes de mí.

Sobre el cuerpo de la luna
nadie pone su calor.
Frente a frente sol y luna
entre la luna y el sol
que se buscan y no se hallan
tú y yo.
Pero por fin se hallarán,
nos hallaremos, amor,
y el mundo será redondo
hacia nuestro corazón.

Me tendí en la arena
para que el mar me enterrara,
me dejara, me cogiera,
¡ay de la ausencia!

PROSA

RAMÓN SIJÉ

Aún no sé, ni quiero ni puedo saber si ha muerto mi compañero. Yo no le he visto morir. Él no hubiera permitido a la muerte su muerte, sin verme y hablarme. Tengo escrita una carta en contestación a una suya reciente que le enviaré hoy o mañana a nuestro pueblo. Tengo el presentimiento de que me escribirá otra, como siempre. No es posible tanto infortunio de una vez. Iré a Orihuela en un vuelo para certificarme de su vida.

Febrilmente moreno, doradamente oscuro, como un relámpago en cada ojo negro y una frente iluminada, venía a mi huerto cada tarde de marzo, abril, mayo, junio... Andaba entre los romeros con prisa de pájaro, hablaba con atropello y su voz iluminaba más que los limones del limonero, a cuya sombra y azahar platicábamos.

Yo me enteré, tratándolo por muchos años, de su corazón y su latido apresurado. Conocí su corazón y me dio espanto la precipitación dolorosa de su sangre. Sentí que aquella faena de borrasca no se prolongaría hasta muy tarde. No sé a quién comuniqué mi sentimiento...

Una tarde hablamos, entre otras cosas, de los hombres que mueren temprano y dan motivo a los noticieros para escribir: «El malogrado joven...». Y me dijo con una voz de rebelde que no quería ser un malogrado.

Pasaba un entierro ante nosotros y le veía estremecerse. Sintió todas las muertes del pueblo que conoció y preguntaba por todos los vecinos enfermos.

¿Es cierta su muerte? Es la primera que me hace llorar aun dormido. Uno de los lados más escogidos de mi corazón se ha quedado como un rincón vacío.

No le llaméis «el malogrado joven».

PABLO NERUDA, POETA DEL AMOR

Entre las personas que entran de golpe y hondo en la vida de uno cuento a Pablo. Nos enfrentamos por primera vez una noche de hace más de dos años. Acabábamos de llegar a Madrid, él con polvo en los talones y en la frente de la India, yo con tierra de barbecho en las costuras de los pantalones. Y me sentí compañero entrañable suyo desde los primeros momentos. Hemos vivido muchas horas buenas juntos, en su casa, en la de Vicente Aleixandre, con Federico García Lorca, con Delia, con Maruca. Lo he visto sufrir, y ha compartido conmigo su pan y sus sufrimientos y los de cada uno, y he compartido con él los tiempos decisivos de mi poesía. La suya ha sido una tremenda enseñanza y una profunda experiencia para mí.

Llega a América, de Chile, donde nació (creo que el 12 de julio de 1904), con una voz tan ancha, tan intensa, de tanta altura, que el continente americano logra en él su clamor más propio de estos últimos tiempos. España se honra cuando la pisa con su *pisada de caballo vago*. Pablo recorre los horizontes de España con su mirada lenta y se siente amarrado con raíces y hombres a la gleba febril que reluce bajo sus pies de animal ensimismado y errante.

Poca poesía como la suya nos da ese sabor a tiempo y a muerte que sobrecoge. Poca poesía como la suya tan penetrada de una vida que ama dolorosa y airadamente tan palpitante del ímpetu de las pasiones del hombre. Emocionado de tristezas siempre, calma, y siempre es un clamor que conmueve como un terremoto, que se clava en los huesos.

Poeta clásico es aquel que da una solución a su vida y, por tanto, a su obra. Romántico aquel que no resuelve nada ni en su obra ni en su vida. Neruda no se impone a sus pasiones, canta bajo la imposición de ellas desenfrenadamente. Tiene como todo poeta, clásico o romántico, vicios poéticos. Uno de ellos es el de que se entrega con frecuencia a la lógica interna, antinatural, sin respeto para la lógica natural del que la escucha. Impudor poético, vicio romántico: hablar de lo más íntimo, de lo que solo pertenece a unos cuantos seres queridos, en público. Publicar dolores, desgracias, con demasiado desenfado. Inconsciencia poética: no perdonar imagen ni objeto que se le viene al paso.

DEFENSA DE MADRID[1]

Madrid y las ciudades de retaguardia

Cuando la ciudad de Madrid se conmueve y se desangra por todas sus ventanas y todos sus campos: desnuda, muda y serena, bajo los bombardeos y los cañonazos italianos y alemanes, ansiosos de absorber los hijos y las riquezas de España: cuando los hombres del pueblo de Madrid, los campesinos y los obreros que sienten en lo más hondo la gran tragedia de la capital de España, desesperadamente deseada y firmemente defendida; cuando estos hombres, digo, están viviendo en las trincheras unos días inacabables de hambre, fuego y muerte, sin dormir, con los ojos dilatados para vigilar los movimientos del enemigo, con las ropas mojadas de barro, de sangre, de lluvia: cuando lo más digno de vivir y perpetuarse de nuestra juventud, de los que solo anhelan el exterminio de sus verdugos para volver al trabajo de sus talleres y sus arados y no el carguito tal y el sueldecito cual de otros, faltos de alma y excesivos de estómago; cuando lo más digno, digo, desaparece insustituiblemente de sus puestos gloriosos de lucha: cuando la guerra está salpicando de luto el corazón de

1. Publicado en *Al ataque*, núm. 2, 16 de enero de 1937.

tantas madres y tantos compañeros: cuando depende de España entera que las vidas derramadas, que se están derramando y que se van a derramar no sean siembra en páramo baldío, veo, siento con pesadumbre y cólera ciudades de retaguardia ajenas, ajenas por completo, a pesar de sus aparatos de carteles y carteleros de propaganda, a la terrible verdad que nos circunda. Dentro de ellas apenas hay otras cosas que no sean carne de carnaval, fingimiento de problemas importantes, burocracia, problemillas, torpezas y mezquindades que hacen apretar los dientes y el alma.

No puede ser. Hemos de acabar con ese disfrazado fascismo de orgías, de cobardes resentidos, de señoritos que no podían serlo y lo son en cuanto pueden. La austeridad y la hombría que impone la guerra a que nos han llevado los traidores extranjerizantes, los enemigos de España y su raza, exigen a gritos depuración y desinfección de las ciudades de retaguardia. El que cree que la victoria es cosa de los demás y no suya debe recibir el duro castigo que se da a los fascistas. No es hora de histriones. El que comercia con el pueblo lo traiciona, lo deshonra y lo vende. Acabemos con los traficantes que hacen mercancía y escarnio del pueblo. Ennobleced vuestro aspecto, ciudades de retaguardia: dignificad vuestro corazón. No deseamos que os metáis en lágrimas, no: pedimos que ordenéis vuestro cuerpo y vuestra alegría; que observéis y arranquéis de raíz de vuestro suelo a los revolucionarios de relumbrón y a los héroes de opereta, y que sintáis la tremenda convulsión que recorre los cimientos de Madrid en vuestros cimientos. Ved al pueblo madrileño sacudido y despedazado, generoso y sangrante, con los colmillos y las mandíbulas asesinas de Hitler y Mussolini alargados hasta sus puertas, y aprended: aprended a defenderos de nuestros enemigos de la misma manera: digna y mudamente enardecidas.

Para ganar la guerra

Vivimos una gran época de sangre. Por el territorio de España corren en estos días más ríos de sangre que de agua y hay más sementeras de muertos que de trigo. Seguramente, las cosechas de varios años próximos van a ser de un color arrebatado y un sabor amargo, alimentadas por tanto cuerpo caído. Ciertamente, la sustancia, de tantos héroes arrancados a la causa del pueblo nutrirá por los siglos de los siglos las raíces de la juventud, comunicándoles su fuerza de bronce y su alegría de morir. Eso: la alegría de morir por una venidera vida noble es el resplandor que se han llevado varios de nuestros muertos, el sol que arde en la piel de nuestros vivos todavía. Eso: la alegría de morir, de ir a los peligros mortales con el corazón en su puesto y su serenidad en la boca: eso es lo que queremos que relumbre en cada rasgo de cada hombre, de cada guerrero de nuestro batallón, de nuestro pueblo.

La España joven y jornalera, la del trabajo excesivo y el pan menguado, tiene la suerte, que no la desgracia, de vivir estos días de duro encuentro entre dos mundos:

el del explotador y el del explotado. En tierras españolas se verifica el fatal movimiento, y a los trabajadores de estas tierras les toca decidir la perdición de uno de esos mundos: el que tienen enfrente erizado y podrido. Y la decidirán. A costa de sufrimientos y muertes, pero con el orgullo y la alegría de que esas muertes y esos sufrimientos evitarán millones de llantos, serán campo de labor de todos los trabajadores del universo.

Italia y Alemania, amamantadas y empujadas por la barbarie de Hitler y Mussolini, y pagando y halagando a cuatro generalazos de la basura que era el Ejército español, pretenden invadir nuestro suelo, hacerlo presa de sus botazas de borricos, sembrarlo de sus cadenas, sus banderas, su gente y su habla de jerigonza, y, dueños de los mares que nos rodean, embestir sus cañones, sus aeroplanos y sus barcos, primero contra Europa, después contra todo. Hitler y Mussolini, aliados del dinero y el crimen defienden al uno contra el otro; enemigos de la libertad y del pueblo, atentan y se debaten contra ambos, sagradamente creados y sagradamente defendidos. Hitler y Mussolini, los más ilustres verdugos de estos años, son los que hacen que el aire de España huela y sepa a sangre. Hitler y Mussolini son los que hacen que los ojos de nuestras madres estén llenos de lágrimas y los balcones de nuestras casas llenos de luto y de ruina. Ellos son los que harán que todos los habitantes de la tierra no sean otra cosa que una enorme espalda para saciar sus látigos de esclavitud, si la tierra entera, que hoy empieza en España, no esfuerza hasta su última gota de sangre porque así no suceda.

Entrad corazón adentro, tierra adentro, pueblo adentro, compañeros en esperanzas y en guerra: daos cuenta, profunda cuenta de vuestro destino. Nos hallamos en plena batalla de dos poderes rivales, y nos corresponde a nosotros demostrar a todos los ojos que nos miran, a todas las vidas que se desvelan pendientes de las nuestras, que no podrán seguir adelante las injusticias. Tengamos honda conciencia de nuestro destino histórico. «A través de cada gota de sangre de nuestros muertos, está escribiendo su historia el pueblo trabajador», ha dicho nuestro Campesino. Esa historia no quedará escrita en unas cuantas páginas: estas han de componer un libro, y en él hemos de figurar todos. Yo seguiré cantando, con un fusil y un romance, las proezas dignas de ellos.

Que las frentes no tengan más que una preocupación: ganar la guerra. Que en los corazones no haya mayor sentimiento que este: defender la revolución. Que los cuarteles, los campos, las trincheras y las bocas truenen llenos de canciones de aliento heroico. Y que todos tengamos derecho a exigir castigo para los cobardes y los reaccionarios que tenemos a nuestro lado porque no pueden medrar en el otro; castigo para los que entorpecen el desenvolvimiento de la revolución con actos de bandidaje, como son los asaltos a las haciendas de los trabajadores; castigo para los que promueven entre estos conflictos y envidias, y castigo para los que, faltos de austeridad, pretenden establecer una nueva burguesía, viciar y deshonrar con preferencias y halagos la moral de sencillez y hombría que impone el comunismo.

HOMBRES DE LA PRIMERA BRIGADA MÓVIL DE CHOQUE[2]

El Campesino

El Campesino, cabeza principal de la Brigada, lleva en su vida una larga historia de hombre de combate. Varón de Extremadura, se levanta contra el cielo ensangrentado de la guerra como un bloque viril y puro.

2. Publicado en *Ayuda*, número 39, Madrid, 23 de enero de 1937. Los protagonistas del texto, se entiende, son miembros de la Primera Brigada Móvil de Choque del Ejército Popular de la República. El *Campesino* es Valentín González González (Malcocinado, 1904 - Madrid, 1983), militar comunista que comandaba la brigada. Rosario es Rosario Sánchez Mora (Villarejo de Salvanés, Madrid, 1919 - Madrid, 2008) a quien Hernández dedicó el poema «Rosario, dinamitera», incluido en esta antología. Pablo de la Torriente (San Juan de Puerto Rico, 1901 - Majadahonda, Madrid, 1936) fue un militar antifascista cubano que luchó y murió en la Guerra Civil española, Miguel Hernández, quien lo había conocido en la Alianza de Intelectuales Antifascistas de Madrid, le dedicó, al saber que había muerto en combate, la «Elegía segunda», incluida en su libro *Viento del pueblo.* En el fragmento dedicado a Manuel Moral también se menciona al poeta Antonio Aparicio (Sevilla, 1916 - Caracas, Venezuela, 2000), que fue, como Miguel Hernández, comisario de cultura de la Brigada.

Lo veo como un herrero forjador de temples heroicos, victorias, verdades y justicia. Su presencia da fortaleza y su aliento austero derriba como un huracán las debilidades y los robles que se le ponen por delante. A cada nueva ocasión da nuevas pruebas de sus inmensas capacidades de mando y de organización. Es uno de los dirigentes y defensores más apasionados del pueblo. Lleva muchas heridas por dentro, y no repara en las que las balas le cuelgan sobre su piel blindada. En los momentos difíciles, cuando el ánimo de los combatientes desfallece, surge el Campesino con una voz emocionada y rotunda, una bomba y una pistola y una cara de comerse el mundo sobre las trincheras, y los fusiles marchitos recobran su gallardía fiera, y los movimientos contra el enemigo tienen efectos mortales y victoriosos. Apenas duerme; come con una mano y dispara con la otra; truena y relampaguea contra los cobardes, los retrasados y los bribones. Tiene una palabra que quema, unos ojos que petrifican y una barba revuelta y negra que mete para convencer en todas las bocas y que es el terror de moros y alemanes. A su alrededor, contagiados de su fortaleza, su valor y su fe en la victoria del pueblo se mueven cerca de dos millares de hombres, y van y avanzan donde él ordena y les llena de orgullo caer a su lado heridos o muertos. Uno de ellos ha llegado a gritar con la boca destrozada por una bala explosiva, a punto de callarse para siempre: ¡Viva el Campesino!

Es de Cartagena este capitán de la Brigada. Su oficio se lo dio el agua: era marino. Acaba de sufrir una herida en los alrededores de Madrid. Se hallaba en su Compañía como reserva en la retaguardia de un frente. El combate era reñidísimo y el enemigo presionaba furiosamente. Aliaga aguardaba impaciente la orden de situarse en primera línea. Pero la orden no llegaba: los facciosos conseguían abrir brecha en un lado de nuestras trincheras y cuatro tanques suyos avanzaban hacia ellas. Aliaga vio en peligro la vida de más de cien hombres nuestros. Se lanzó en plena tempestad de fuego; salta de las zanjas cantando La Internacional y con una bomba en la mano. Un grupo de hombres canta con él, y un sargento de la Compañía, Cándido Pérez, le acompaña y cae con la carne llena de agujeros. Aliaga lo sostiene en su caída; sigue enardecido y emocionado hacia los tanques, cuyas ametralladoras le buscan con fiereza. Se siente herido en un muslo; contiene la sangre, que invade su pantalón verde de soldado; no cesa de cantar; se arrastra junto a uno de los tanques y arroja la bomba contra sus ruedas de engranaje, que se detiene. Los otros tres retroceden ante su vista, que nubla la alegría. Recoge un trozo de hierro del tanque inutilizado y lo agita victoriosamente. Cuando pasa ante el Campesino traído en una camilla se incorpora y le grita orgulloso y alegre:

–¡No soy un marino de agua dulce, como tú me has llamado siempre! ¡Soy un marino de Cronstadt! ¡Soy hijo tuyo, Valentín!

Ha hecho que el médico le dé el alta antes de tiempo. No ha estado ni cuatro días en el hospital. Nos abrazamos fuertemente. Recordamos la tierra en que hemos nacido los dos. Recuerda la muerte de Cándido Pérez.

–¡Ha muerto como se debe morir! –exclama.

Y al recordar nuestras respectivas familias, dice.

–Cuando salí de Cartagena, me metí a mi madre en este bolsillo, a mi padre en este, y a mis hermanos en estos.

Y se lleva las manos a los bolsillos del pantalón y la guerrera.

Otra vez está en las trincheras, con la herida fresca todavía pero con sus veintidós años secos y decididos. Ahora ya manda un Batallón.

Chocolate

Conduce el coche del Campesino, y le irrita la lentitud. No le gusta que le llamen Chocolate, y por eso lo llamamos por ese nombre. Lleva escrita en la frente la palabra *audacia*, y siempre anda con los labios revueltos de malhumor. Insulta a todos los conductores que encuentra por las carreteras. Los facciosos le han tenido varias veces cerca de sus uñas. Pero Chocolate se da tal maña en esquivar el bulto del coche, con el del Campesino y el suyo propio, que los rebeldes quedan siempre corridos y asombrados de su intrepidez.

El otro día se perdieron Valentín y Chocolate en los campos de acción. Los ojos de este descubrieron un grupo de soldados y hacia él dirigió el coche. Cuál no sería la sorpresa de ambos al acercarse y ver que los del grupo eran fascistas que les aguardaban con los fusiles echados a la cara. Chocolate, sin destemplarse ni mucho menos, dio la vuelta al volante, saltó por una loma, subió a otra y, cuando el enemigo hizo fuego, las balas ya no pudieron alcanzar otra cosa que aire y tierra.

(Otro intrépido conductor es Manolo, sin apodo conocido hasta la fecha. Ha llegado a cruzar un trozo de carretera custodiada por moritos en acecho y ha salido indemne y sonriendo del trance, por lo que muchos nos vamos afirmando en la creencia de que él y su coche son invulnerables.)

Rosario y Felisa

Entre la docena de mujeres (alguna más hay) que lleva la Brigada en sus filas, sobresalen Rosario y Felisa. Las dos son muchachas de dieciocho años; aquella morena de ojos negros y esta morena de ojos transparentes. Rosario tiene un temperamento fogoso que ha desahogado en el Guadarrama haciendo bombas y arrojándolas al enemigo. La avergüenza que muchas mujeres vayan a presumir y a mujerear a las trincheras. La dinamita le ha comido la mano derecha, y ella dice que aún tiene la izquierda para seguir haciendo bombas, tarea que aprendió de un minero asturiano, ya muerto por el pueblo en los barrancos de la sierra. No puede estar quieta, inactiva. Es más útil con la sola mano que le queda que muchos hombres con dos y con fusil. Se pelea con el Campesino porque no la deja acercarse a las trincheras, donde ella quisiera estar metida a todas horas.

–¡Me da una rabia no ser hombre! –me ha dicho con la sinceridad de campesina pura. Y la he visto más mujer que nunca.

Felisa habla poco. Trabaja mucho y siempre parece andar envuelta en el resplandor del agua mediterránea de sus largos ojos. Va a todas partes con su máquina de escribir en la mano y no interrumpe su escritura, ni las bombas que la rodean de continuo ni los obuses que entran de cuando en cuando hasta la habitación en que imprime las palabras del Campesino, que le dicta entredormido, después de duros y prolongados combates. Cuando Felisa acaba su trabajo, son las dos y las tres de la madrugada. Entonces se duerme sobre su silla de trabajo y se la oye menos despierta. Lo único ruidoso en ella es su máquina. Pero, a pesar de todo, parece andar descalza y hablar con una lengua de lana dulce.

Candón

Vino de Cuba, donde nació, como el malogrado Pablo de la Torriente. Su voz es más recia que su cuerpo, y su cuerpo no es delgado, sino bastante nutrido. Es el comandante de uno de los batallones de la Brigada, y trata con una seriedad y una atención ejemplares a su gente, que su gente pelea a sus órdenes llena de confianza. Esta confianza se ha traducido en victoria en diferentes ocasiones. Se ve en él al hombre curtido en la lucha y avezado a ella. Saca grandes lecciones de cada combate. Hace malograr muchos estudiados ataques del enemigo, pues siempre está a la observación de los menores movimientos de este. Lo que más echa de menos es el clima de Cuba, y el invierno cortante y penetrante de Castilla encoge un tanto su figura y le lleva a buscar lumbre por todos los rincones de las comandancias transitorias que ocupa. Alteran un poco su fisionomía tropical los más graves o los más felices acontecimientos. Es, de los hombres serenos, uno. Por eso sus explosiones son terribles de violentas.

Manuel Moral

Otro conductor como Chocolate. Tiene una lengua lírica de pájaro. Ha recibido en otros tiempos rudas palizas de la Guardia Civil de su pueblo de Jaén. Uno de los guardias le malquería grandemente y a todas horas hallaba motivos para apalearlo y hacerle la vida imposible.

–¡Las malas noches que me hacía pasar el cabrón! –me ha comentado.

En cuanto pudo, que fue al iniciarse el movimiento fascista, acabó con la mala hierba del tal. Y rodando, rodando, dio con el Campesino. Lleva su coche como un potro andaluz, y lo limpia y lo cuida como si fuera de pelo. Va a todas partes cantando, con un chorro de pelo sobre la frente. Antonio Aparicio y yo nos reímos oyendo su palabra llena de gráfica gracia. Suenan o estallan las bombas enemigas a nuestro alrededor alguna vez, y ni él interrumpe sus coplas y su ingenio ni nosotros nuestra risa. El otro día nos encontramos sin caminos que llevaran adonde íbamos y Manuel, sin detener el coche, siguió rodando a campo perdido y dijo:

–¡Las carreteras parten de mi alma! –Y volvió a sus coplas de costumbre.

LA CIUDAD BOMBARDEADA[3]

La pedregosa ciudad de Jaén, graciosa, lunar y solar a un tiempo, vivía de espaldas a la guerra de su pueblo, de su patria, contra los que la invaden y la inundan con pólvora de traición y asesinato. Los constantes diluvios de bombas de los trimotores italianos y alemanes no salpicaban con sangre la cal de las paredes de Jaén que, en general, se recostaba al sol de sus balcones y sus puertas y *dejaba pasar* la guerra, contemplándola como un espectáculo y comentándola como un espectador. Escasos eran quienes daban importancia y crédito a los sucesos que se desarrollaban en Madrid y en los demás frentes de lucha, y eran muchos los que disculpaban, y hasta aplaudían en lo íntimo de su corazón, la criminal introducción del fascismo en España. Jaén tenía un corazón casi sordo, casi ciego, casi insensible a las generosas oleadas de sangre que andan desplegadas sobre el solar hispano desde el 19 de julio de 1936.

Voy creyendo que para que un pueblo, un hombre, un español, sienta los sufrimientos de otro es preciso que posea también sobre él las desgracias que al otro aquejan. Estoy viendo que el soldado más consciente,

3. Publicado en *Frente Sur*, número 7, Jaén, el 4 de abril de 1937.

con menos flaquezas y más capacidades, es quien más atropellado ha sido por la vida.

Digo que Jaén yacía indiferente a todo, dormido en un sueño blando de aceite local. Un día, como respuesta a una victoria de nuestro Ejército sobre el suyo, Queipo de Llano manda, ahuecado y chulo como siempre, sus arrasadores aeroplanos contra la dormida ciudad de Jaén, que se revuelve despavorida y ve de cerca, y se convence de la violenta verdad, la obra del fascismo sobre sus criaturas. Jaén es bombardeado: la trilita sacude y revienta hasta las piedras más profundas de la ciudad, y se derrumban las casas, y las mujeres madres no saben en qué rincón meterse con sus hijos, y los muertos inocentes, los destrozados, son una sangrante cantidad de cabezas, de brazos, de carne desconcertada. La cal y los ojos de Jaén se humedecen. Con cara de cadáveres ante los espejos, aceituneros y barberos calculan en las barberías el número de víctimas; en la plaza se repite el cálculo; en las calles se anda con tristeza y temor, y en el cementerio necesitan venganza a su inhumana muerte niños, mujeres y ancianos que no habían cometido otro delito que nacer y vivir.

¿Ha despertado ya Jaén de su modorra incrédula y moruna? Todas sus bocas llaman asesinos, y no se hartan de llamarlos, a los que han cometido en su población un acto más de destrucción inútil. Pero yo veo que muchos de sus hombres se conforman con gritar y se previenen contra otro posible bombardeo, yéndose a vivir debajo de los olivos. Esta actitud extática, pasiva, fatalista y torpe exaspera al combatiente más templado. ¿Por qué no se ocupan esos hombres en la construcción de refugios para sus hijos y esposas, o por qué no colaboran con los que llevan nueve meses bajo la lluvia y las balas, conquistando la tierra que a todos nos quieren arrebatar? Hombres veo que, cuando Jaén quedara completamente destruida, cuando no tuvieran un rincón donde meterse, ocuparían los nidos de los ratones y allí se dejarían matar sin hacer otra cosa que lamentarse.

Jaén ha de despertar de un modo definitivo. La sangre que aún huele sobre sus losas lo exige. Sus hombres han de combatir al fascismo con el mismo empuje que los sevillanos, cordobeses y granadinos que luchan en los frentes de esta provincia. Debe avergonzarles ser salvados por españoles de otros campos y no salvar ellos mismos su tierra. Y sus mujeres han de alzar el puño crispado, colérico, cuando los trimotores negros vengan a asesinarlas sobre la capital de la aceituna.

LOS PROBLEMAS DEL PAN[4]

Hace unos días me sorprendió un griterío de mujeres que habitan en los alrededores de Jaén. Venían por las carreteras largas y sucias de lengua, descompuestas, con gestos desairosos, los brazos groseramente expresivos. Les faltaba el pan de aquel día y se dirigían a voz en grito hacia el gobernador. Es justo que si tú no pruebas hoy el pan por motivos de la guerra no lo pruebe yo, y que los dos dejemos de comerlo porque lo coman los soldados en el frente. No es justo que en la ciudad, por privilegios o deficientes administradores de la harina, tengan pan unos y otros dejen de tenerlo. Las mujeres que digo se quejaban, tal vez con razón, de que, cuando a otros vecinos no, a ellas les faltaba. Pero perdían toda razón con la locura que traían para explicarla. Siempre han sobrado los gritos en las razones; mucho más en estos días de tantos problemas, además de los del pan: que la razón siempre vence, pero antes, y sobre todo, cuando se explica con palabra templada y disposición serena, sin aspavientos.

Estamos en guerra. Todos hemos de ser conscientes de la situación. El pueblo de España, que todavía cuenta con abundantes provisiones, debe disponerse a soportar

4. Publicado en *Frente Sur*, número 15, Jaén, el 13 de mayo de 1937, y firmado con el pseudónimo Antonio López.

cuanto adverso venga a lo largo de la ensangrentada lucha contra el fascismo. El sufrido pueblo de ayer no puede ser hoy una impaciente ganadería que se alborota apenas no recibe los pastos en su hora. Pido al pueblo mío abnegación. El sufrimiento no es abnegado si se hace alarde de él, y la privación resulta ridícula cuando se entera de ella a todo el mundo. En las ciudades de la España leal todavía se come y se bebe mejor, mucho mejor de lo que el trance de cerca de un año de pelea prometía en sus comienzos. Aún conseguimos artículos que no son de primera necesidad, como la cerveza. La serenidad y la cordura han de mover la vida de la España que procura su destino venturoso. Con ellas, y con el sentimiento y el conocimiento plenos del significado de esta guerra, debemos reforzarnos para recibir inmutables las adversidades que nos lleguen. Si falta pan, comeremos lo que haya sin pan y sin protestas mientras lo haya.

La desordenada dirección de las provincias, la descuidada administración de sus provisiones, provocan a cada instante conflictos y problemas. Un gobernador que quiera perdurar en su gobierno andará atento a la solución inmediata y justa de aquellos. Hoy cuenta la República española con el trigo suficiente para abastecer su territorio durante varios meses. Bien administrado, no es posible que falte el pan a nuestros españoles. Pero piensen estos, el día que les falte, en los hombres de las naciones que declaran la huelga del hambre para enviarnos víveres, como ese millón de estudiantes americanos han hecho recientemente, y vayan a remediar la falta de la más sencilla manera.

HAY QUE ASCENDER LAS ARTES HACIA DONDE ORDENA LA GUERRA[5]

A los hombres españoles que irremediablemente dedican su vida a la vida del arte se les ofrece una tremenda, inagotable y dura cantera de donde extraer el mármol definitivo para su obra: la de esta guerra, la de esta vida que vivimos tan al desnudo en sus pasiones, en sus sentimientos.

La guerra, el gran acontecimiento, ya lo he dicho, desnuda tanto al hombre, que se le ve transparente en sus menores movimientos y rasgos. Ninguna materia tan perpetua para el hombre que hace arte como la de una Humanidad en plena conmoción, emoción, revolución de todos sus valores morales y materiales.

Los hombres de la pintura, la escultura, la poesía, las artes en general, se ven hoy en España impelidos hacia la realización de una obra profundamente humana que no han comenzado a realizar todavía. Yo veo a los pintores, los escultores, los poetas de España empeñados en una labor de fáciles resoluciones, sin el reflejo mejor de los problemas que la situación de este tiempo ha planteado. Advierto a estos hombres

5. Publicado en *Nuestra bandera*, número 118, Alicante, el 21 de noviembre de 1937.

llenos de una frivolidad artística heredada de otros hombres, artistas de relumbrón, excéntricos en pintura, escultura, poesía, arte en general. Veo que los pintores temen a la pintura, la rehúyen y se la entregan a juegos ya en desuso del cubismo y sus provocadores. A los escultores, a los poetas les sucedió lo mismo: les falta consistencia espiritual, formalidad, que decimos. Veo que los hombres de España, con ambiciones creadoras, cierran los ojos y el corazón a la latente realidad que les rodea y los acosa, vestidos de egoísmo de barro sucio, impenetrable por una voluntad mezquina de serlo.

En medio de esta realidad han aparecido libros, revistas, obras de arte que demuestran lo ajenos que se encuentran sus autores a ella.

Pero mi confianza en el porvenir de España me hace tenerla en quienes han de dar cauce bueno a este porvenir, y espero que las artes empiecen a ascender hacia donde ordena el pueblo español victorioso y conmovido.

EL GORRIÓN Y EL PRISIONERO
(cuento inconcluso)

Los gorriones son los niños del aire, la chiquillería de los arrabales, plazas y plazuelas del espacio. Son el pueblo pobre, la masa trabajadora que ha de resolver a diario de un modo heroico el problema de la existencia. Su lucha por existir en la luz, por llenar de píos y revuelos el silencio torvo del mundo, es una lucha alegre, decidida, irrenunciable. Ellos llegan, por conquistar la migaja de pan necesaria, a lugares donde ningún otro pájaro llega. Se les ve en los rincones más apartados. Se les oye en todas partes. Corren todos los riesgos y peligros con la gracia y la seguridad que su infancia perpetua les ha dado.

Ave de decisión, gorrión bueno, mejor entre los mejores, era Pío-Pa. Así llamaremos a este leve ser de mi cuento. Llevaba su pantaloncillo corto con remiendos y su blusa de pluma gris, más remendada que su pantaloncillo, con más dignidad que para llevar su corona y su cetro deseara el emperador de Carcunda. Volaba a grandes vuelos, y cuando tocaba la tierra su pata andaba a saltos, rasgo alegre de entusiasmo juvenil. La alegría jamás faltó en su nido y en su pecho, donde permaneció arraigada por debajo y por encima de las tristezas que van y vienen. Tejió su nido como el soldado su tienda, donde le cogía la noche o la batalla por las migajas. No ambicionó, como los pájaros señoritiles, parasitarios, ni la rama elevada para piar ni el lugar regalado para yacer con la gorriona. Las innumerables vueltas que hacía al campo y los también innumerables tropiezos y asaltos que allí había experimentado acumularon sobre su cabeza de ajo bello y su corazón aleteante cierta sabiduría: llegó a saber más que una rata de cárcel: toda la que cabe entre una frente y un corazón loco.

Y, precisamente, una cárcel, no una jaula cualquiera, fue la causa de su gloriosa muerte. Pío-Pa, hemos dicho que así le llamaremos, experimentado sorteador de las ballestas, pedradas, trampas y artimañas humanas conjuradas contra su leve ser, volaba un día en busca del sustento de sus alas, que no es el aire precisamente, y fue a detenerse en un agujero de un muro denso de piedra. El agujero tenía rejas, rejas espesas, casi tupidas, que impedían el paso a la luz y a la libertad. Porque detrás del muro y el agujero se veía, y solo un pájaro podía permitirse ver aquello, una celda con un hombre atalajado de cadenas. Era una de tantas celdas y solo uno de tantos hombres sepultados en la tiniebla de uno de esos edificios que los albañiles han construido, a veces para ser sepultura de ellos mismos. A duras penas, solo el ojo luminoso del pájaro es capaz de penetrar y esclarecer la tiniebla, consiguió Pío-Pa ver al hombre. Este le miró, deslumbrado como ante un relámpago. Su opaco rostro de preso se iluminó, y Pío-Pa halló en sus ojos una mirada pura que en pocos seres se halla, aunque se busque con [ilegible], y se sintió recorrido por la confianza. Pío, pío, pío, dijo Pío-Pa, como si dijera: Tío, tío, tío.

–¿Cómo te atreves a llegar hasta aquí, gorrión loco?

–Pío, pío, pío.

–¿No te da miedo la prisión, no temes la mano del hombre, gorrión feliz?

–Pío, pío, pío.

–¿No te has visto en la jaula jamás, gorrión sin pensamiento? Viéndote así, tan jovial, tan ligero, tan pequeño, me acuerdo de mi hijo.

–Pío, pío, pío.

–Oye, si sabes oír –continuó el preso–. Al cabo de un día y una noche me voy a morir. Me matarán. Dicen que soy una mala persona y que es preciso que muera. No sé qué habré hecho. Ni en sueños ni despierto me acuerdo de haber sembrado ni cosechado el mal. Solo una mujer pudiera salvarme, pero su casa está lejos de aquí, en la región más soleada de estas tierras. Y habría de recorrerse mucha distancia y mucho pío para llegar hasta ella. Si tú pudieras llegar... Pero solo hay un día y una noche de tiempo... Mañana no viviré... Lo siento por mi hijo ¡Quién tuviera tus alas, gorrión loco!

–Pío, pío, pío –repetía Pío-Pa–. Y entró de un salto en la celda y se posó sobre el hombro del preso. Adivinó el hombre con asombro que el ave le comprendía, y no se hubiera asombrado si supiera que un gorrión rodado sabe más que una rata de cárcel. Se proveyó al instante de lápiz y papel, que tenía consigo, y escribió de prisa unas cortas letras. En seguida buscó algo con que atar el papel, y hubo de desgarrar la tela de su camisa, y con un girón de la misma anudó el papel al cuello de Pío-Pa, que no cesaba de insistir en su pío, pío, pío.

–Adiós, gorrión loco. ¿Sabrás llegar hasta la mujer que [ilegible]? En la región más soleada de esta tierra, en una casa pintada de azul y blanco con una palmera y el mar a la puerta vive. ¿Llegarás hoy? ¿Volverás antes de mañana con mi salvación? Ya sabes que estoy destinado a morir cuando nazca el alba del nuevo día si no estás aquí a esa hora. Ya sabes.

Se besaron Pío-Pa y el hombre: el hombre como pudo y el pájaro como supo. El hombre quedó solitario en su celda, y el pájaro desapareció flechado por el agujero en su cielo y en su aire. No sé qué corazón latería con más fuerza, si el del hombre o el del gorrión. El hombre quedó más opaco en su ser y en su celda, más preso, desaparecidas las breves alas audaces, capaces de franquear hasta los muros de una prisión.

Mis ojos siguieron el vuelo del gorrión andar entre los [ilegible], a través de aquella mañana invernal con escarcha y sin una nube. El frío atemorizaba los campos. Solo su valentía de gorrión se atreve con el invierno. Las otras aves rehúyen los malos tratos del diciembre y el enero, emigran a los países de primavera y verano constantes. Solo el gorrión permanece ante los duros tiempos.

El mundo es breve para las alas atrevidas. Las de Pío-Pa baten y avanzan velozmente. Es un relámpago de pluma que renueva los horizontes por momentos. La tierra, abajo, gran punto de escarcha, desencadena su redondez girante. Ávido, impaciente por cumplir su misión salvadora, el pájaro deja atrás páramos, valles, montes, ciudades, ríos, bosques. Las horas avanzan con él, y el sol asciende como temeroso de que se produzca un choque entre la luz y las plumas. Los gorriones que se cruzan en el camino de Pío-Pa sufren el golpe de viento de su velocidad y piensan que aquel compañero ha enloquecido.

Avanza y avanza. Hasta que se siente rendido y en la necesidad de tomarse una tregua. Entonces, desciende y se detiene sobre un árbol para cobrar nuevos bríos. Pero la tierra, que no es transparente como el aire, está llena de asechanzas. En el aire no es posible el acecho invisible; en la tierra, sí. Pío-Pa ignora que, al detenerse, peligra su vida. Un hombre, concentrado todo él en apuntarle sobre un arma de pólvora, guiña el ojo, tuerce la boca, hunde un dedo en el gatillo del arma con sus manos peludas aferradas a ella. La mirada avizora del gorrión no ha reparado en el terrible bulto negro que procura disimularse tras un tronco. Suena el disparo. La rama en que descansa Pío-Pa cae cortada al suelo. ¿Y el gorrión? ¿Ha sido destrozado? Algo del plumón de su pecho flota y se aleja en la brisa. Pero nuestro héroe vuela ya muy lejos y muy alto, camino de la casa azul y blanca. No le ha sorprendido el incidente. Hecho su corazoncito a todos los golpes, no queda en él campo para la sorpresa. Vuela más raudo, más arrebatado, más alegre.

Se cumple el mediodía. Ya la luz llega a su madurez. Ya el aire es caliente alrededor del pájaro, que penetra en la zona más caliente de la mañana. El cansancio se apodera otra vez de sus alas. Otra vez ha de renovar su aliento en un breve descanso.

CARTAS

A JUAN RAMÓN JIMÉNEZ

(Orihuela, noviembre 1931)

Sr. D. Juan Ramón Jiménez. Madrid.

Venerado poeta:

Solo conozco a usted por su «Segunda Antología» que –créalo– ya he leído cincuenta veces aprendiéndome algunas de sus composiciones. ¿Sabe usted dónde he leído tantas veces su libro? Donde son mejores: en la soledad, a plena naturaleza, y en la silenciosa, misteriosa, llorosa hora del crepúsculo, yendo por antiguos senderos empolvados y desiertos entre sollozos de esquilas.

No le extrañe lo que le digo, admirado maestro; es que soy pastor. No mucho poético, como lo que usted canta, pero sí un poquito poeta. Soy pastor de cabras desde mi niñez. Y estoy contento con serlo, porque habiendo nacido en casa pobre, pudo mi padre darme otro oficio y me dio este que fue de dioses paganos y héroes bíblicos.

Como le he dicho, creo ser un poco poeta. En los prados por que yerro con el cabrío ostenta natura su mayor grado de belleza y pompa; muchas flores, muchos ruiseñores y verdores, mucho cielo y muy azul, algunas majestuosas montañas y unas colinas y lomas tras las cuales rueda la gran era del Mediterráneo.

...Por fuerza he tenido que cantar. Inculto, tosco, sé que escribiendo poesía profano el divino arte... No tengo culpa de llevar en mi alma una chispa de la hoguera que arde en la suya...

Usted, tan refinado, tan exquisito, cuando lea esto, ¿qué pensará? Mire: odio la pobreza en que he nacido, yo no sé... por muchas cosas... Particularmente por ser causa del estado inculto en que me hallo, que no me deja expresarme bien ni claro, ni decir las muchas cosas que pienso. Si son molestas mis confesiones, perdóneme, y... ya no sé cómo empezar de nuevo. Le decía antes que escribo poesías... Tengo un millar de versos compuestos, sin publicar. Algunos diarios de la provincia comenzaron a sacar en sus páginas mis primeros poemas, con elogios... Dejé de publicar en ellos. En provincia leen pocos los versos y los que los leen no los entienden. Y heme aquí con un millar de versos que no sé qué hacer con ellos. A veces me he dicho que quemarlos tal vez fuera lo mejor.

Soñador, como tantos, quiero ir a Madrid. Abandonaré las cabras –¡oh, esa esquila de la tarde!– y con el escaso cobre que puedan darme tomaré el tren de aquí a una quincena de días para la corte.

¿Podría usted, dulcísimo Juan Ramón, recibirme en su casa y leer lo que lleve? ¿Podría enviarme unas letras diciéndome lo que crea mejor?

Hágalo por este pastor un poquito poeta, que se lo agradeceré eternamente.

Miguel Hernández
Arriba, 73. Orihuela

A FEDERICO GARCÍA LORCA

(Orihuela, 10 abril 1933)

Sr. D. Federico García Lorca.

Admirado poeta amigo:

Le escribí hace mucho pidiéndole elogios, aunque ya se los había oído para mi *Perito en lunas*. Y aquí me tiene usted esperándolos –entre otras cosas.

He pensado, ante su silencio, que usted me tomó el pelo a lo andaluz en Murcia –¿recuerdaaa?–, que para usted fuimos, o fui, lo que recuerdo que nos dijo cuando le preguntamos quién era uno que le saludó. «Ese –dijo– uno de los de: ¡adiós!, cuando les vemos». Y luego «me escriben muchas cartas a las que yo no contesto». ¿Puedo estar ofendido contigo?

Perdone. Pero se ha quedado todo: prensa, poetas, amigos, tan silencioso ante mi libro, tan alabado –no mentirosamente, como dijo– por usted la tarde aquella murciana, que he maldecido las putas horas y malas en que di a leer un verso a nadie.

Usted sabe bien que en este libro mío hay cosas que se superan difícilmente y que es un libro de formas resucitadas, renovadas, que es un primer libro y encierra en sus entrañas más personalidad, más valentía, más cojones –a pesar de su aire falso de Góngora– que todos los de casi todos los poetas consagrados, a los que si se les quitara la firma se les confundiría la voz.

Por otra parte, aquí, en mi pueblo –¡pueblo mío!–, donde el que me gritaba: Yo te he comprado el libro creyéndolo bueno y me has dado arpillera, yo he leído a Campoamor... –¡ea!–, decía yo: Ved los periódicos de Madrid pronto, he quedado en ridículo, porque de toda la prensa madrileña, solo *Informaciones* se desvirgó hablando de mis poemas por el pico de Alfredo Marqueríe, diciendo cuatro burradas. El tío, antes de decir: ¡Qué burro soy!, dijo: ¡Se ha extraviado el poeta, se ha oscurecido!

Por otra parte, en mi casa soy el cristo de los cinco sampedros: me niegan la mitad del pan; me niegan, padre y madre y sus hijos, como hijo de aquellos, como hermano de estos; les avergüenza el que haga versos; no quieren darme vestidos nuevos, y hasta a los pantalones viejos que tengo no les quieren poner remiendos, que amordacen rotos proclamadores de nalgas mías. Hoy mismo, hoy, me han escondido la llave del huerto para que no pudiera entrar en él. Y yo he saltado a la torera la tapia, no la valla, y aquí, en este chiquero de abril, aquí, donde he tenido el suyo *Perito en lunas* este estío, bajo esta higuera, que dilataban hasta sus pámpanos mi carne de acordeón semejante a una palmera degollada, aquí le escribo esto desesperado, desesperado.

Me alegran las noticias que leo –de prestado– de los triunfos que se suceden. ¡Me alegran! y le envidio.

El otro día he visto en *El Sol* la crítica de un libro de romances. El crítico dice que al pronto resuena la voz suya, pero que solo a primera vista. Yo, nada más por el ejemplo que pone allí de romance, adivino en ese Félix no sé qué un plagiador casi.

Federico: no quiero que me compadezca; quiero que me comprenda.

Aquí, en mi huerto, en un chiquero, aguardo respuesta feliz suya, y pronto, o respuesta simplemente; aquí, pegado como un cartel a esta tapia, detrás de la cual viven padres pobres, con tantos hijos y tan poca casa, que, para que los niños no vean los orígenes de su fabricación, el comienzo de sus hermanos, se salen al callejón a reanudarse las noches más empinadas.

Un abrazo.

MIGUEL HERNÁNDEZ G.

Orihuela, 10 de abril de 1933
Dirección: Arriba, 73

A JUAN GUERRERO RUIZ

(Madrid, junio 1935)

Amigo mío Guerrero:

Harto de silencio, que ni usted ni yo hemos interrumpido desde hace mucho tiempo, lo interrumpo ahora de esta manera: mandándole de mi amigo Pablo Neruda, a quien hablé mucho de usted, ese homenaje que los poetas españoles hemos hecho al gran poeta chileno. Como verá, la dedicatoria es casi la misma de Federico en el *Romancero*; es la mejor, ¿no?... Bueno, amigo Guerrero: me entero, no sé por quién, que ha estado aquí, en Madrid, hace tiempo. Yo hubiera querido verle, porque tengo muchas ganas de hablar con Ud. de muchas cosas.

Tiene que perdonarme que no le enviara mi auto sacramental: no lo hice a nadie en absoluto; vendí todos los ejemplares que me regaló *Cruz y Raya* porque necesitaba, como siempre, dinero. Ha pasado algún tiempo desde la publicación de esta obra, y ni pienso ni siento muchas cosas de las que digo allí, ni tengo nada que ver con la política católica y dañina de *Cruz y Raya*, ni mucho menos con la exacerbada y triste revista de nuestro amigo Sijé.

En el último número aparecido recientemente de *El Gallo Crisis* sale un poema mío escrito hace seis o siete meses: todo él me suena extraño. Estoy harto y arrepentido de haber hecho cosas al servicio de Dios y de la tontería católica. Me dedico única y exclusivamente a la canción y a la vida de tierra y sangre adentro: estaba mintiendo a mi voz y a mi naturaleza terrena hasta más no poder, estaba traicionándome y suicidándome tristemente. Sé de una vez que a la canción no se le puede poner traba de ninguna clase: no sé cómo explicar esto. Estoy haciendo un poema y se lo enviaré como ejemplo de lo que quiero decir. Bueno.

He visto esa biografía de Federico, hecha por no sé qué americano, en este momento no recuerdo el nombre, y avalorada por cosas de usted y su archivo. Quisiera que me mandara uno o varios ejemplares, si tiene a mano.

Mire: yo quisiera llevar para agosto a Pablo Neruda a ver lo mejor de esas tierras: usted, nuestros pueblos palestinos, Cabo de Palos... Quiero saber si podría residir en la isla de Tabarca o en una de las islas del Mar Menor: ¿en una de estas sería mejor, no? A él sé que le agradaría un lugar donde el mar no se encontrara con arenas al ir a la tierra, donde el agua tuviera más grandeza. He hablado a Antonio Oliver y me ha prometido gestionar inmediatamente el asunto. Yo he pensado en usted antes, pues sé que es el llamado a escoger mejor sitio. He de decirle que yo pienso también ir, y quisiera que nos resultara lo más barato posible. Además: Pablo tiene una niña de diez meses enferma y le agradeceré me diga si hay médicos buenos, especializados en enfermedades de niños.

Me ha dicho Oliver que ha estado en Orihuela hace unos días. Yo no sé cuándo volveré a esta tierra. Me mantengo en Madrid por ahora trabajando en una enciclopedia taurina que va a editar Espasa Calpe, dirige Ortega y Gasset y ordena J. M. de Cossío. Gano muy poco: cuarenta duros mensuales, pero estoy en el ambiente que necesito en estos tiempos míos.

En cuanto hago el poema que le digo, le enviaré una copia a mano para su archivo, gran Guerrero. Perdóneme de nuevo, si advirtió en mí desatención u olvido: nunca olvide su persona y su Ateneo.

Si cree que le he escrito por el interés del viaje al mar que sueño –yo que nunca he estado en contacto con las olas más de dos días– destierre ese pensamiento. Es que no sé escribir cartas, Guerrero, amigo, y sufro mucho cuando lo hago. Me pesan la pluma y el papel y la cabeza, y olvido más a los amigos a quien escribo que quienes olvido por correo. Para los que no escribo siempre tengo un pensamiento en acción. Este propósito de viaje a nuestra región ha dado ocasión a que el pensamiento que dirigía continuamente a usted se paralice un poco: perdónelo.

Espero su carta y su biografía todo lo pronto que puedo desearlas. Le abraza fuertemente y le quiere

MIGUEL. Adiós.

Mande a: Vallehermoso, 96, 1º drcha. Adiós.

A JOSEFINA MANRESA

Madrid, 20 de julio de 1935

Mi siempre querida Josefina: El martes recibí tu carta, una de las más largas y cariñosas tuyas que he tenido. Por ella advierto que estás de buena cara y de mejor humor y eso me alegra muchísimo. Me mandas una fotografía muy mala; te estás riendo y no se ve dónde termina la boca y dónde comienzan los dientes; fíjate y verás si tienes ahí otro igual cómo parece que tienes cuatro o cinco hileras de dientes en vez de dos; y los ojos no te los veo de tan borrados: lo único que se ve claramente es el vestido y como a mí eso es lo que menos me interesa, aunque es muy bonito y te sienta maravillosamente, ya que no voy a estar mirando solo el vestido, no me conformo con esa fotografía y te pido que te hagas otra mejor. Yo me he hecho una muy grande, casi igual que esa que te di, y si no sé si voy a ir a Orihuela por toda esta semana que viene, que quiero ir por encima de todo, te la mandaré, aunque no es de mi gusto, ya que se me olvidó decirle al fotógrafo que no la retocara al fotografiarme y me ha retocado los ojos de una manera idiota. Espero que no te guste a ti mucho tampoco y si no te gusta quiero hacerme otra igual de grande: no me presto para la fotografía, salgo muy serio siempre. Bueno, querida nena, me dices que has ido a los toros el domingo pasado, que has salido algo, que te has cansado. Yo estoy harto de cuernos y toreros, pues no hago otra cosa que escribir historias de toreros célebres y de ganaderías. Quiero que sepas que no voy pelado, que hace mucho tiempo que no hago esa tontería, ya te convencerás cuando veas la fotografía y el original, si voy por ahí pronto.

No sé nada de lo que me dices que venía el periódico hablando de mí hará un mes; aquí me entero menos que tú de si hablan de mí los periódicos o si dejan de hablar. ¿Quieres decirme en qué periódico hablan de mí y recogerlo si alguien tiene el número es y mandármelo cuando me escribas hoy o mañana? Yo no tengo idea de nada absolutamente. En cuanto a lo que me dices que no te dije que se fue a Orihuela mi hermana, tenía intención de decírtelo en no recuerdo qué carta, por cuando ella se marchaba, pero se me olvidó. Veo, queridísima y morenísima y preciosísima Josefina mía, que te acuerdas mucho de la columna donde nos queríamos, será porque la ves cada día y pasas continuamente junto a ella, donde nosotros nos pasamos tantas noches de invierno dándonos calor con las palabras y los cuerpos uno a otro.

El programa que me mandas es el único que tengo, ya que mi amigo Pepito está disgustado conmigo porque le dije hace tiempo que está demasiado metido en la iglesia siempre, y mi familia no me escribe, porque yo casi tampoco le escribo. Si ves a Manolo el peluquero le das las gracias por haber celebrado con sus amigos el que hayan escrito algo sobre mí. No te dé miedo leer ninguna de mis cartas; léelas todas no dándoles otra intención que yo les di y no leas, si te hace mal las cosas impertinentes que te digo en alguna de ellas. Lo que me gusta, guapa mía, que me digas que siempre estás pensando en mí y que no te acuerdas de otra cosa nada más que de tu Miguel. A mí me pasa igual, Josefina buena; pienso en ti, estoy pensando en ti todos los días y espero que llegue el sábado para escribirte y decirte muchísimas cosas, y llega el sábado y se me olvida casi todo cuando me pongo a escribirte y me da mucha rabia. No me has dicho nada desde que te escribo a máquina en vez de a mano; yo creí que te extrañaría y que me pidieras que te escribiera como antes, ya que a mí no me gustan las cartas que me mandan los amigos escritas de la manera que yo lo hago ahora, pero veo que te da lo mismo, que me encuentras el cariño igual a través de la tinta de pluma, que de la cinta. Es que así me entiendes antes y mejor, ¿verdad, tú, la cien veces guapa y mil veces querida Josefina?

¿Sales mucho con María, vas mucho a su casa? Di a ella y a Santos que me alegra mucho que no se haya marchado esta y esté trabajando en Orihuela todavía, quiero que des besos de mi parte a tus hermanas, sobre todo a Conchita, de las que hace mucho no te hablaba nada. Si acaso supiera que voy a ir dentro de tres o cuatro días, te lo diría por una postal o un telegrama. No sabes lo triste que estoy de no pasar unos días a tu lado. Desea tú con toda tu alma que vaya para que tu deseo fluya aquí sobre las cosas que me impiden ir y me lo permitan inmediatamente. Prepárate para recibir un beso, aunque te enfades, muy fuerte, muy fuerte, de este hombre tuyo que te besa desde aquí igual que si te tuviera a su lado y no te olvidará jamás, tu

Miguel

A MARÍA CEGARRA

(Madrid, septiembre 1935)

Querida amiga María:

No puedes imaginarte cuánto he pensado en tu persona desde nuestro encuentro en tu pueblo. Qué poco nos hemos tratado, ¿no te parece? Te conocí de pronto en Orihuela, te hablé unos momentos; te vi en Cartagena, después otros instantes y, por fin, este agosto pasado, inolvidables para mí los días que estuve por esas tierras, logré hablarte durante varias horas. ¿Por qué no nos veremos con más constancia? Solo me queda de tu compañía tu libro y dos mendrugos de mineral. Nada más, aunque no es poco.

He leído tu libro muy bien: ¡qué a la perfección te reflejan esos poemas femeninos, rociados de pólenes de las minas y el corazón, sumergidos en melancolía, mar y soledades! A mi sencillo parecer has hecho una obra que ya quisieran hacer muchas de las mujeres poetas de por aquí. Perdóname, María: no sé qué decirte más sobre tus páginas. Ya sabes que no sé hablar acertado de nadie. Te diré que me han conmovido muchos de tus poemas y que te agradezco eternamente el mío. ¿Cuándo vendrás por Madrid? Quiero que te conozcan mis amigos mucho. He hablado de ti a Neruda, hablaré a Vicente Aleixandre y a quien a mí me interesa más poéticamente. Pablo me ha pedido tu descripción y se la he hecho de manera que has salido favorecida. ¡Perdón! Le prestaré mi libro tuyo: si puedes, envíame algunos ejemplares y los repartiré entre quienes yo crea conveniente. Voy dando fin a mi tragedia y pronto empezaremos Maruja Mallo y yo a preocuparnos de su estreno. Me acuerdo mucho de ti y de tu padre, hermana y madre, tan simpáticos. ¡Ah!, también del jardín íntimo que es tu casa. El otro día quité de la solapa de mi chaqueta aquel nardo que me regalaste, María: ha llegado conmigo hasta Madrid: no debió mustiarse nunca... Deseándote en tu ambiente aldeano muchas cosas buenas y esperando verte pronto, te saludo con mucho cariño: Adiós.

MIGUEL

A JUAN GUERRERO RUIZ

(Madrid, enero 1936)

Querido Guerrero:

Estoy consternado como tú por lo inmensamente triste que acaba de pasar. Me dio la primera noticia Vicente Aleixandre, que la había leído en un periódico y en seguida recibí una carta del hermano de la novia de nuestro trágico amigo en la que apenas me decía lo sucedido. Espero con ansiedad nuevas noticias que me expliquen la muerte temprana de mi hermano hace diez años, porque no acierto a comprender esta verdad terrible. Me decía aquella carta que todo había sido rapidísimo menos la agonía: entró en cama hacia el trece o catorce de diciembre con un ligero malestar de estómago –no me dicen si degeneró en peritonitis u otra cosa–, fiebre, a las siete del día de Nochebuena empeoró y a las once dejó de existir. Es espantoso, querido Guerrero. Me dicen que durante las últimas cuatro horas de su vida se dio cuenta de que moría. Yo sé lo que sufriría en ese tiempo porque yo sé el terror que tenía a la muerte. Me dicen que no cesó de llamar a su novia a la que quería como nadie querrá a nadie en el mundo fuera de él. Todas sus esperanzas, todas sus ambiciones, todos sus amores muertos de repente. Yo lo venía presintiendo desde hace algunos años: siempre lo veía temeroso, huido, concentrado, lleno de desesperaciones, dudas y penas. Se estremecía si veía pasar un entierro, le asustaba una pequeña herida, y pensaba escribir un ensayo que iba a llamar «El matrimonio por terror a la muerte». Todo hacía pensar que no podía durar mucho aquella vida de tremendas tempestades consigo mismo. Yo estoy muy dolorido de haberme conducido injustamente con él en estos últimos tiempos. He llorado a lágrima viva y me he desesperado por no haber podido besar su frente antes de que entrara en el cementerio.

Fíjate que me he quedado con una carta escrita para él en la que le hablaba de ese triste asunto de Sevilla.

El mismo escultor que hizo el busto a Miró ha sacado una mascarilla a Sijé, para hacerle otro y colocarlo frente al de Gabriel. Creo que no ha habido ninguna persona de Orihuela que no haya sentido y llorado su muerte. Se disputaban los muchachos amigos nuestros el ataúd. Dentro de mi corazón se ha quedado vacío el rincón mejor.

Sí, hay que hacer un número extraordinario de *El Gallo Crisis*, querido Guerrero. Hay que tributarle el más grande homenaje. Yo no haré nunca bastante por él.

Ve tú la manera de poder llevar a cabo eso: me encuentro en Madrid indefenso para todo. Quisiera ir a Orihuela donde tengo una madre y una hermana que suspiran por mí también y no puedo acercarme. Pero quiero que la memoria de Sijé sea enaltecida y haré los mayores esfuerzos por llegar y sacar el número final de la revista que hasta un mes me decía él volver a sacar, alentado por Juan Ramón y Manuel de Falla.

Ahora mismo voy a escribir a Juan Ramón dándole las gracias por su recuerdo de ayer en *El Sol* y a pedirle un poema, para empezar a tener con qué cubrir las páginas del número postrero de nuestra muerta revista.

Escríbeme, ayúdame, abrázame. Me encuentro cada día más solo y desconsolado.

MIGUEL,
Vallehermoso, 96, 1º, derecha.

A CARLOS FENOLL

(Madrid, febrero 1936)

Querido Carlos:

Nuevamente ocupada la tinta. Asuntos de imprenta y de mil demonios me han tenido la mano sujeta para no poder escribirte. Recién editado mi libro *El rayo que no cesa*, en cuanto me den ejemplares estará entre vosotros. Incluyo en él la elegía a nuestro compañero, que es lo más hondo y mejor que he hecho. Es una edición preciosa. Espero poder venderlo todo para poder pagarle a Manuel Altolaguirre, que se me ofreció a editármelo. No he conseguido ver a Bergamín en varios días que le persigo para ver si quiere encargarse de la edición de los trabajos de Sijé. He recogido del Ministerio de Instrucción Pública su ensayo sobre el romanticismo; me lo he leído casi de un tirón, a pesar de tener más de doscientas páginas. Es formidable. Reparo en sus correcciones a pluma, en su dedicatoria a Josefina y a sus padres, en su ímpetu de vida precipitada y lo siento tan conmigo que vuelvo a dudar y a no creer en su muerte, como siempre. Yo podría hacer que lo editara Altolaguirre –puesto que me ha escrito Pescador diciéndome que habrá suscripciones para cubrir gastos de edición–, pero como él no tiene linotipia y el componer las páginas a mano resulta más caro, prescindo de él porque quiero que los padres de Pepito obtengan algún dinero. Quiero ver a Bergamín –creo que esta misma noche podré verle– y creo que podré lograr lo que quiero. Me gustaría anticipar un fragmento del ensayo que tengo en mi poder en *Cruz y Raya* y le diré que lo anticipe para mandar a don José algún dinero cuanto antes.

Me ha escrito Poveda y me ha mandado unas cosas muy raras y graciosas: «La choza del ringorrango, del ringorrango que rige» ... ¡Qué estupendas palabras para el que tenga trabazón en la lengua! Me ha hecho reír mucho porque me ha recordado aquello de «El perro de San Roque...»

Dile que me es imposible escribirle, porque son infinidad de cartas las que recibo al cabo de la semana y mi jornal no me da para tanto ni el tiempo me lo permite, que ya hablaremos cuando vaya por ahí y le diré que no se engañe a él mismo.

Estoy a punto de acabar una segunda elegía sobre la muerte de Sijé y en ella la persona a quien me dirijo es su hermana.

Tengo ya el alma ronca y tengo ronco
el gemido de música traidora...
Arrímate a llorar conmigo a un tronco:
retírate conmigo al campo y llora
a la sangrienta sombra de un granado
desgarrado de amor, como tú ahora.
Caen, desde un cielo gris desconsolado,

caen ángeles cernidos para el trigo
sobre el invierno gris desocupado.
Arrímate, retírate conmigo:
vamos a celebrar nuestros dolores
junto al árbol del campo que te digo.
Panadera de espigas y de flores,
panadera lilial de piel de era,
panadera de panes y de amores.

Siento mucho haberla hecho después de estar publicado mi libro: me hubiera gustado incluirla en él también. Pero creo que pronto la publicaré en cualquier revista. En la de *Occidente* sale también, además de en el libro, la primera, con seis sonetos. Me ha pedido colaboración Ortega y Gasset por carta. Estoy un poco contento en medio de mi tristeza, porque siempre se siente halagada nuestra vanidad por pequeñas cosas, aunque después nos quedemos insatisfechos como siempre.

Me gustaría que me escribiera Josefina cuanto antes. Dile que se decida de una vez y me diga muchas cosas. He tenido una carta de Justino con unos trabajos. Me pide que le diga qué me parecen: yo le diría que no siguiera el camino de su hermano ni mío porque son muchas las penas que cuesta escribir con sangre y muchas las muertes. Tú haces lo mejor cantando hacia dentro de cuando en cuando y no hacia fuera. Pierde la mitad de valor el verso que se dice y gana doble el que se queda en la garganta.

Me acuerdo cada día más de la vida sencilla del pueblo en esta complicada de aquí. No puede uno librarse de chismes literarios y chismosos. Temo acabar siendo yo el peor de todos. Hay mucha mentira en todo, querido Carlos. Estoy sufriendo cada desengaño con amigos que he creído generosos y perfectos... Procuro verme con todos ellos lo menos posible. A veces, ante las situaciones que observo de envidia, rencor, mala intención o veneno, que de todo encuentro, me dan ganas de reírme a cuello tendido, y a veces me dan ganas de soltar bofetadas y mandarlo todo a hacer leches.

Saluda a todos nuestros amigos callejeros: Rosendo, el Mella, Gavira, el Habichuela, Tafalla, José María, el Moya. Vale más un «me cago en...» entre ellos, que un elogio de ninguno de estos.

Quisiera ir cuanto antes por ahí; ya estarán los almendros de nuestros campos resplandecientes... Por este tiempo íbamos Sijé y yo el año pasado a verlos juntos, por este tiempo corría yo por la sierra de un lado a otro tirando piedras y bañándome en los barrancos y ahora estoy a esta máquina de escribir que se ríe de mí.

No te aconsejo volver a los tiempos de nuestra cercana adolescencia que nos parece lejana. Di a Poveda que ese deseo suyo que le acomete a destiempo es tonto. Vale más hacer un pan que un periódico.

No escribo a mi primo, no escribo a Molina, no escribo a no sé cuántos amigos. Me es imposible por completo repartirme más. No va a quedar nada para mí de mi persona y no hay derecho, ¿verdad? Diles que me perdonen. Saluda a Bascuña varias veces de mi parte y dale los abrazos que te parezcan convenientes.

¿Has visto en *La Verdad* mi breve escrito a Sijé? Me lo pidió Juan Guerrero hace días.

Abrazos y recuerdos para todos vosotros, tu madre, Efrén, Josefina, Carmen, tu mujer, tu Antoñico. Creo que mi madre se asustó cuando supo lo de la guardia civil: me lo presumía...

Te abraza y te vuelve a abrazar tu amigo que no te olvida nunca.

MIGUEL

A JOSEFINA MANRESA

(Madrid, febrero de 1936)

Mi querida Josefina: No puedes imaginarte la alegría que me ha dado tu carta. Ayer tarde, cuando he salido de mi trabajo me la he encontrado en mi habitación esperándome y yo me he dado mucha prisa en abrirla para leer tus palabras. He dormido con ella al lado sin dejar de pensar en ti y comprendo que habrás sufrido mucho y sufro yo también. No creas, Josefina, que me quedé tan contento como tú dices después de haber hecho lo que hice; algunos amigos míos te podrían decir lo caviloso que yo estaba desde el día que me despedí de ti. Desde que estoy en Madrid he querido escribirte y no me atrevía por temor a que tú me dijeras indignada algunas palabras que me hubiera dolido oír. Por fin, me decidí a escribir a tu padre y le pregunté en mi carta si podía decirme si tú tenías relaciones con otra persona. Tu padre me contestó hace unos días y por lo que me decía presumí que tú no habías dejado de quererme.

Estoy apesarado, Josefina, de todo el mal que te haya podido hacer con mi conducta. Fui yo mismo quien se dio cuenta inmediatamente de la torpeza con que obraba. Me dices que te diga la verdad si te quiero y yo no sé más que decirte que sí. Comprende que no voy a escribirte para que me digas tú que me quieres, sino para que sepas que yo no te he olvidado nunca. No quiero hablarte de lo que la gente murmura por ahí. Te diré únicamente que desde ahora estoy muy seguro de mí mismo y que ninguna mujer ocupará el lugar que tú tienes en mi corazón. Te agradezco con toda el alma que tú hayas seguido pensando en mí, cosa que yo dudaba después de tanto tiempo que hace que no nos vemos. He besado cada palabra de tu carta y me siento feliz desde que la he leído. Nunca te he aborrecido, Josefina; no digas eso. Me sentí un poco separado de ti, pero al fin he comprendido que eres tú la única mujer con quien he de vivir toda mi vida. Perdóname todo y escríbeme con la confianza de antes.

Siento mucho que se haya sabido en Orihuela lo que me ocurrió con la guardiacivil. Verás: el día de Reyes íbamos a ir a San Fernando del Jarama, que es un pueblo muy próximo a Madrid, varios amigos. Nos citamos en la estación y luego resultó que a los otros se les hizo tarde y me fui yo solo a San Fernando. Yo, como siempre, me había dejado la cédula en mi casa y estaba por las afueras del pueblo donde hay una ganadería de toros viéndolos; de pronto se presenta el guardiacivil ante mí, me dicen que qué hago por allí, contesto sonriendo que nada, que estoy por gusto: mi sonrisa debió irritarlos mucho, me pidieron la cédula personal, les dije que no la llevaba y me dijeron que me llevaban detenido al cuartel de muy malos modos. Yo, indignado, les dije que aquello no eran modos de tratar a una persona. Bueno, por esto nada más que pasó, en el cuartel me dieron no sé cuántas bofetadas, me quitaron las llaves de mi casa, me dieron con ellas en la cabeza, me llamaron ladrón, hijo de puta. Querían que dijera que había ido al pueblo a robar o a tirar bombas. Como no me sacaban otras palabras que no fueran de protesta, me dijeron que me iban a hacer filetes si no confesaba los crímenes que había cometido. Por fin, me dejaron telefonear a Madrid a mi amigo, el cónsul de Chile, y sin darme ninguna explicación ni disculparse me dejaron libre. Comprenderás que desde aquel día tengo odio a toda la guardia civil, menos a tu padre, Josefina. Ya te contaré más despacio de palabra alguna vez lo que pasó, porque sería demasiado largo de contar todo. Escríbeme enseguida; yo ya te diré más adelante varias cosas que tengo que decirte. Dime tú muchas en tu carta, que quiero saber qué ha sido de tu vida en todo este tiempo. He preguntado a mi hermana Encarnación por ti varias veces. Dime si siguen yendo al taller de la calle Mayor. Pensé escribir a María antes que a ti para que me dijera cuanto supiera de ti, pero preferí saber por ti misma lo que quería saber: que me quieres. Háblame de todo; de tus hermanas, de tu vida. He sufrido mucho al saber la muerte de mi mejor amigo de Orihuela. No quiero ser más pesado y por eso no te escribo más. Hasta la tuya y hasta siempre, me despido de ti queriéndote mucho

Miguel

TRES CARTAS A JOSÉ MARÍA DE COSSÍO

(Orihuela, agosto 1936)

Querido Cossío:

Aquí estoy, a pesar de todo. Me alegrará saber que usted se halla ahí también a pesar de todos los pesares. Un amigo mío, poeta de Silbo, Jesús Poveda, quiere marchar a fin de mes conmigo. Tiene intención de quedarse si se coloca. Yo le pido con todo interés le haga un lado si puede en nuestro despacho suyo. Es un mecanógrafo magnífico. Mucho mejor que yo. Se lo juro. Escríbame en cuanto pueda y deme las mejores noticias. Mi obra anda a punto de terminar. En Orihuela no sucede casi nada. ¿Hasta cuándo se prolongará esta sangrienta situación? Le abraza como siempre,

MIGUEL

(Orihuela, 25 de agosto 1936)

Querido Cossío:

Esta es para desearle mucha salud y pedirle un nuevo favor: sabrá que hace unos días ha sido asesinado en Elda, el pueblo en que se hallaba en su ejercicio de guardia civil, el padre de mi novia. Al parecer, ha ocurrido la enorme desgracia por equivocación. Quedan seis de familia, cinco hijos y la viuda, y como los cinco son menores de edad y solo trabaja mi novia con la aguja para ganar unos reales de cuando en cuando, la situación será dentro de poco de las más desesperadas. Yo quiero hacer cuanto pueda para que le quede a esta pobre familia mía la paga del padre muerto y he redactado un pliego que presentaré al ministro de la Gobernación lo antes posible, firmado, si es posible, por nuestros amigos escritores de ahí que puedan tener más valor para este caso. Si a usted le fuera posible pedir a Espasa-Calpe la mitad de la cantidad que cobro cada mes para poder permanecer, en estos momentos sangrientos por todos y para todos, aquí; si usted consiguiera eso, amigo, gran amigo, será un nuevo motivo de sentimiento reconocido de mí para su persona. Haga por conseguirlo.

He mandado al Ayuntamiento de Madrid mi obra teatral. Presumo que se aplazará el concurso, dadas las presentes circunstancias. Si no se aplaza, ¿podré saber por usted quiénes componen el jurado?

De no lograr que Calpe, por medio de usted, me mande el dinero que necesito para continuar algún tiempo más aquí, el cuatro de septiembre saldré para Madrid.

Esperando una feliz y pronta contestación le abraza grandemente

MIGUEL

en Orihuela a 25 de agosto de 1936
(Dirección: Arriba, 73, Orihuela, Alicante)

(Orihuela, 12 de septiembre 1936)

Querido Cossío:

Dígame si he de marchar, si puedo marchar a Madrid este viernes próximo. Supongo que sigue usted ahí. Mi familia desea que me quede en Orihuela por ahora. No sé qué hacer. Espero carta suya. ¿Cómo van las cosas suyas y la Enciclopedia? Escríbame lo antes posible para saber a qué atenerme. ¿Es cierto, cierto lo de Federico García Lorca? No deje de escribirme y dé abrazos míos a Eduardo.

Para usted también de

MIGUEL

A JOSEFINA MANRESA

Moscú, 8 de septiembre 1937

Mi querida nena: Delante de tu fotografía, después de besarla mucho, mirándote con todos los ojos del cuerpo y del alma, te escribo. Ocho días llevo ya en Moscú y todavía no he conseguido olvidarte, mira tú si será fácil para mí hacerlo. No sabes qué vida más aperreada llevo en esos ocho días de trabajo constante con periodistas y otra cantidad de gente de aquí. Aún no me he despertado y ya está sonando el teléfono de mi habitación, y es que me llama la Peribochi, la intérprete que se llama Peribochi, para que me levante y vaya a cualquier parte donde me espera fulanito de tal para hacerme una interviú, o menganito para tocarme los cojones. Luego tengo que escribir para periódicos, revistas... Anoche me acostaba a las cuatro, aunque aquí el reloj va adelantado dos horas y solo eran las dos en realidad. La suerte mía es que como mucho y bueno. Me acuerdo mucho de ti a todas horas, pero especialmente a la hora de la comida, porque me gustaría que tú pudieras comer de todo lo que hay por aquí, que no falta de nada. Los rusos comen una barbaridad, y muy despacio. Sirven la mesa con mucha lentitud y yo me exaspero y pataleo, porque después que pido la comida me la sirven, sin exagerarte, media hora más tarde, y luego se pasan cerca de dos horas de plato a plato. Casi siempre empiezo a comer a las tres, que ahí es la una, pero a las cinco, que ahí es las tres, aún no he terminado. Supongo que habrás recibido mis cartas y telegramas cuando recibas esta, que pienso que será de aquí a quince días. No te digo que me escribas porque temo que, cuando vaya a recibir, digo, a llegar tu carta aquí, no me encuentre aquí, sino que esté ya de camino de España y no quiero que se pierda nada tuyo que me mandes, Josefinica buena. Hasta que no sepa de ti, hasta que no te vea, voy a estar pensando en que puede caer mala, en que tu embarazo puede malograrse, en no sé cuántas cosas, y, por otra parte, por la mejor, espero encontrarte gruesa, alegre, feliz y esperándome. Supongo que irás a Orihuela: cuando vayas, da abrazos míos a nuestros padres y hermanos y a los padres de Pepito. Creo que Justino estará en Orihuela, Alicante o Murcia, como todos queríamos, te he comprado alguna cosilla. ¿Coses los pañales de nuestro hijo? Entretén el tiempo en eso y que María te alegre esa cara que yo tanto quiero. En cuanto vuelva, me voy a pasar otra temporada contigo, y, si es posible, junto al mar. Aquí hace mucho frío y, como no sale el sol casi nunca, no me gusta nada vivir aquí. En España tengo dos soles: no te rías por eso. ¿Has tenido carta de Vicente Aleixandre? Dile que no le escribo porque me falta tiempo para todo. Escríbele tú una carta, que él te lo agradecerá mucho. A mis padres y a los de Justino, diles lo mismo, y que te escribo a ti dándoles muchos recuerdos y abrazos. Quisiera saber, y no sabré hasta que vaya, si la paga del padre está próxima a cobrarse o si la cobras ya. El tío Juan me prometió hacer todo lo posible por dar prisas y cobrar el mes de septiembre. También quisiera saber de las Marianas, si están bien, si comen, si se acuerdan de mí mucho. Pobres hijas mías: las tengo más olvidadas que a nadie. Diles que cuando vaya les daré unos juguetes rusos muy bonitos que les he comprado. Si no pesara tanto la maleta, la llenaría de cosas para ellas y para mis sobrinos. Además, tampoco puedo gastar mucho porque todo cuesta aquí el doble de caro y no se puede pasar por las aduanas de las fronteras con muchas cosas porque las revuelven y las estropean todas. Ayer tarde he estado en una escuela de niños españoles evacuados y no puedes imaginarte de qué manera los tratan. Están como solamente pueden estar los de mucho dinero y no carecen de nada. Hay de Madrid, de Alicante, de Valencia, de Elche, y me he encontrado con dos que han estado en la guardería de Orihuela y me han dado cartas para Pepe. Si vas a la guardería, díselo a él y dale recuerdos míos. ¡Qué ganas, nenica guapa, qué ganas tengo de andar contigo, de volver contigo, de ver si comes y me sigues queriendo como siempre o me quieres un poquito más! Iré pronto. Piensa estas palabras. Da un gran abrazo a mi hijo Manolo, a mi tía Gertrudis, a mi abuela Sangre, a mi tonta Carmen; dales besos y abrazos como si fueran para ti, digo, como si no fueran. Dile a María que si está bien de abajo y de arriba. Saluda a Carmelo, Enrique, Isabel, Amparo y a todo Cristo. A los primos no dejes de saludarlos por mí. Besa a la monja, abraza a Filomena. Saluda a los tíos José, Josefa, Facundo, Cristóbal, Carmen y San Pedro. Tú no tomes más que el corazón de

Miguel

A JOSEFINA MANRESA

Rosal de la Frontera, 6 de mayo de 1939

Querida Josefina: Estoy muy bien de salud. Me acuerdo siempre de mi Manolillo y de ti, que sois siempre mi mayor esperanza. ¿Sigue engordando el niño? Anteayer cumplió los cuatro meses y me pasé todo el día pensando en él. Supongo que tus hermanillas y ahijadas mías, que no me olvidan, estarán contigo dándole mucho quehacer y mucha preocupación. ¿Y Manolo, trabaja? ¿De qué comes? ¿Quién te ayuda? Pide a nuestra familia de Orihuela sin reparo, que alguna vez les devolveremos aquello que nos den. Supongo que no habrá resultado incierto lo que nos dijo el médico sobre tu enfermedad en Orihuela. Ve a mi casa y di a mi padre y a mi hermano que estoy detenido, que un día de estos me llevan a Huelva desde este pueblo y que es preciso que me reclamen a Orihuela. Que hablen con Luis Almarcha, Joaquín Andreu, Antonio Macando, Juan Bellod, [José] Martínez Arenas, Baldomero Jiménez y quien sea preciso para la consecución de mi traslado a nuestro pueblo. La detención ha obedecido a que pasaba a Portugal sin la documentación necesaria. No es nada de importancia, pero haz lo que digo para estar junto a nuestro hijo y a ti lo más pronto posible. No te preocupes, nena. Como bien, me tratan bien y a lo mejor desde Huelva paso a Orihuela antes que nuestros amigos pudientes de ahí hayan hecho gestión alguna. Se trata de una imprudencia mía que naturalmente tenía que tener su riesgo y su resultado insatisfactorio. Pero la seguridad de mi honradez y la fe en la justicia de Franco me hacen estar sereno y alegre. Lo que siento principalmente es la difícil situación económica de nuestra familia, que tardará algún tiempo más en resolverse. Abrazos para toda la familia, especialmente para mi madre y tus hermanos y los míos. Manolillo y tú recibid el corazón de vuestro

MIGUEL

A PABLO NERUDA

(Madrid, 26 de junio de 1939)

Madrid, en prisión, a 26-6-1939

Querido Pablo:

Tal vez por Juvencio y por el embajador de tu país en Madrid, donde me encuentro detenido varios meses, sabrás de mí y en qué situación estoy. Es de absoluta necesidad que hagas todo cuanto esté en tu mano por conseguir mi salida de España y el arribo a tu tierra en el más breve espacio de tiempo posible. El señor Fajardo y nuestro amigo José María de Cossío te pueden escribir con detalle sobre lo que me sucede, aunque ya te imaginarás bastante. Pon en movimiento todo tu interés y tu cariño por mí que me hacen falta enormemente y rápidamente. Conmigo habrá de salir mi mujer y dos amigos nuestros. Preocúpate en seguida de esto. No olvides que nuestra situación es bien difícil. Sabré de ti por la Embajada, desde donde harán el favor de venir a comunicarme cuando resuelvas.

Me acuerdo como nunca de vosotros. Te necesito como nunca. Da un gran abrazo a Delia y tú recibe el otro.

MIGUEL HERNÁNDEZ

A JOSEFINA MANRESA

Madrid, 12 de septiembre de 1939

Mi querida Josefina: Esta semana, como las dos anteriores, llega martes y no ha llegado tu carta. También empiezo a escribir esta para que me dé tiempo a echarla después, cuando el correo me traiga la tuya, que no creo que me falte hoy. Estos días me los he pasado cavilando sobre tu situación, cada día más difícil. El olor de la cebolla que comes me llega hasta aquí, y mi niño se sentirá indignado de mamar y sacar zumo de cebolla en vez de leche. Para que lo consueles, te mando estas coplillas que le he hecho, ya que aquí no hay para mí otro quehacer que escribiros a vosotros o desesperarme. Prefiero lo primero y así no hago más que eso, además de lavar y coser con muchísima seriedad y soltura, como si en toda mi vida hubiera hecho otra cosa. También paso mis buenos ratos espulgándome, que familia menuda no me falta nunca, y a veces la crío robusta y grande como el garbanzo. Todo se acabará con fuerza de uña y paciencia, o ellos, los piojos, acabarán conmigo. Pero son demasiado poca cosa para mí, tan valiente como siempre, y, aunque fueran como elefantes estos bichos que quieren llevarse mi sangre, los haría desaparecer del mapa de mi cuerpo. ¡Pobre cuerpo! Entre sarna, piojos, chinches y toda clase de animales, sin libertad, sin ti, Josefina, y sin ti, Manolillo de mi alma, no sabe a ratos qué postura tomar, y al fin, toma la de la esperanza que no se pierde nunca. Así veo pasar un día y otro día, esperanzado y deseoso de correr a vuestro lado y meterme en nuestra casa y no saber en mucho tiempo nada del mundo, porque el mundo mejor está entre tus brazos y los de nuestro hijo. Aún es posible que vaya para el día de mi santo, guapa y paciente Josefina. Aunque yo, la verdad, creo que estos amigos míos llevan las cosas muy despacio. Han estado de vacaciones fuera de Madrid y han regresado esta semana pasada. No han podido venir a verme porque ahora es imposible para todo el mundo. Es casi seguro que los veré esta semana que viene. Me decías en tu anterior que guardara la ropa cuanto pudiera. No te preocupes, que, si no tengo ropa cuando salga, con ponerme una mano en el occipucio y otra en el precipicio, arreglado. Así y todo procuro conservarla y uso la más vieja y todo son cosidos y descosidos y ventanas por todas partes. El pijama se me ha roto y le he puesto un remiendo que es media camisa, porque se me veía toda la parte de atrás y era una verdadera vergüenza. Por lo que a mí me pasa, me figuro lo que os pasará a vosotros y, como esto siga así, me veo contigo como Adán y Eva en el Paraíso. ¡Ay, Josefina mía! No nos queda otro remedio que aguantar todo lo malo que nos viene y nos puede venir, para el día que nos toque aguantar todo lo bueno. ¿Verdad que llegará ese día? Yo nunca he dudado de que llegará y de que seremos más felices que hasta aquí hemos sido. Esta separación nos obliga a respetar a nuestro Manolillo más que respetamos al otro Manolillo del que no dejo de acordarme nunca. Dentro de un mes hará un año que se nos murió. Eso de que el tiempo pasa deprisa, para nadie es tan verdad hoy como para nosotros y a mí me cuesta trabajo creer que ha pasado un año desde que cerró nuestro primer hijo los ojos más hermosos de la tierra. Dios, a quien tú tanto rezas, hará que el día diecinueve de octubre lo pasemos juntos, si no hace que lo pasemos el veintinueve de este mes. No quisiera pasar ese día lejos de ti. Iremos a dar una vuelta al campo y, si tú eres decidida, visitaremos la tierra donde nos espera. Tengo muchas ganas de hablar contigo. La otra noche soñé a Manolillo ya con cinco o seis años de edad. Cuídalo mucho, Josefina, que crezca fuerte y defendido contra toda enfermedad. Cuando te sea posible, come mucha fruta y mucho vegetal, principalmente patatas. Es lo que más conviene a tu salud y a la de nuestro sinvergüencilla. No me dices muchas cosas suyas. Supongo que ya hablará más que un loro. Si supieras qué ganas tengo de oír su voz: se me ríen los huesos solo de imaginarla, con que mira lo que me voy a reír el día que la oiga de verdad. Dime el peso que tiene, que no lo has pesado hace mucho tiempo. Estoy enfadado con Manolo y con las Marianas, a ninguno de los cuatro se les ocurre escribirme unas letras. No se acuerdan de mí, que no los olvido. Dime también algo de la abuela y la tía, que tampoco me han mandado una sola letra. Seguís como siempre de encariñadas. Eso no tiene remedio por lo que veo y no vale la pena. Bueno. Voy a dejar el lápiz y a esperar tu carta, a ver qué me trae de bueno. Nada. Hoy no recibo carta tuya. No me gusta que te retrases en escribirme. Vaya plantón que me he llevado al pie del que vocea el correo. No hay derecho. Espero que me digas algo de nuestra familia de Orihuela, de mi madre especialmente y de la de Pepito. Anteayer he recibido una carta de un amigo de la huerta, Trinitario Ferrer, muy amigo de mi hermano y me dice que se ve con él todos los días. Di a Vicente que le diga que por ahora no puedo contestarle, pero que me alegra mucho saber de él. Voy a terminar mi carta diciéndote que seas menos perezosa conmigo o de lo contrario no te voy a escribir en un mes. Y nada más porque no parezca larga esta a la censura y porque hagan todo lo posible para que llegue a tus manos.

Manolillo: adiós, un beso, ¡pum! Otro beso, ¡pum! Otro, otro, otro, ¡pum, pum, pum!

Manolo: escribe, dejando a un lado por un rato las barbas y las perezas.

Marianas: a ser buenas y a pelearos una vez a la semana solamente.

Josefina: recibe para ti y para nuestro hijo y para nuestros hijos mayores el cariño encerrado y empiojado y... perdido de tu preso.

Miguel

¡Adiós!

ÍNDICE